Lo que los NIÑOS Sí comen

Jimena Gómez Villa

Lo que los NiÑOS Sí cOmen

intermedio

Lo que los niños sí comen

© 2005, Jimena Gómez Villa

© 2005, Intermedio Editores,
        una división de Círculo de Lectores S. A.

Director editorial
Alberto Ramírez Santos

Editor
Leonardo A. Archila R.

Diseño y diagramación
® Marca Registrada

Insumos
Celebración, la tienda
Olga Duque de Burgos

Revisión de recetas
Juliana Duque

Producción
Ricardo I. Zuluaga C.

Licencia de Intermedio Editores Ltda.
para Círculo de Lectores S.A.
Calle 67 N° 7-35 piso 5to
gerencia@intermedioeditores.com.co
Bogotá, Colombia
Primera edición, marzo de 2005

Impresión y encuadernación
Printer Colombiana S. A.
Calle 64G No. 88A-30. Bogotá, Colombia

ISBN: 978-958-709-252-3
A B C D E F G H I J

Impreso en Colombia - *Printed in Colombia*

Hacia los cinco años, mi prima Paulina y yo encontramos el mejor laboratorio de culinaria: la cocina de mis abuelos. Mi tía Graciela nos compraba moldes y rodillos diminutos y nos dejaba hacer lo que quisiéramos (esa era su filosofía en la vida). Mi madrina Tita nos compraba los chocolates que preparábamos —de regular sabor, por cierto— por precios que nos parecían astronómicos, y mi madre nos suplía con los ingredientes. Una alianza perfecta, estratégica la llaman ahora.

Desde entonces, Paulina y yo no hemos dejado de disfrutar cocinando y descubriendo nuevas recetas. Sin embargo, ya no nos subimos a los bancos y ahora somos buenas cocineras —eso dicen por ahí.

Como casi todos los viejos se han ido, nos apoyamos la una en la otra como los bambúes ante las recias corrientes de aire, y al igual que ellos, queremos seguir creciendo sin parar. Por eso, dedico este libro a Paulina Tejada-Savage, con el corazón.

Bogotá D.C., 12 de febrero de 2005

Contenido

Batidos

Delicias para la lonchera

Ensaladas diferentes y deliciosas

Hamburguesas diferentes

Verduras y ensaladas

Huevos

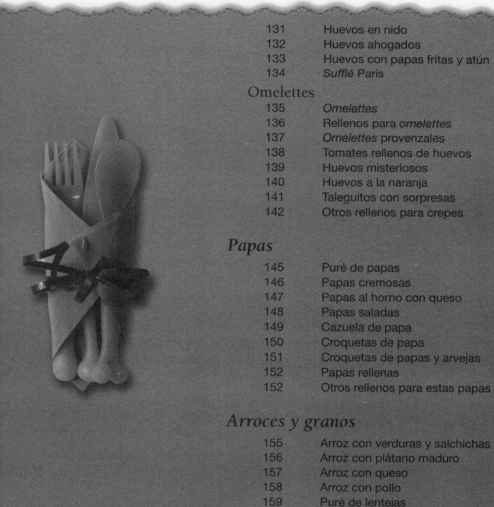

Pastas

Postres

Salsas

Abrebocas

Con las recetas de este libro, sus hijos descubrirán que alimentarse bien es una aventura maravillosa y saludable. La alimentación de niños y adolescentes se ha convertido en uno de los grandes problemas de la humanidad. Los niños obesos, con altos niveles de colesterol y de azúcar en la sangre, han aumentado a nivel mundial de forma alarmante, según diversos estudios realizados sobre nutrición. El consumo de alimentos industrializados, la disminución en el consumo de frutas y verduras y una baja actividad física son algunas de las causas. Es un hecho que, actualmente, los niños de casi todo el mundo pasan largas horas inactivos frente al televisor y son bombardeados constantemente con propaganda de comida chatarra. La cuestión es: ¿qué será de estos niños en unos años?, ¿qué vejez les espera?

Frente a la recomendación de los organismos interna-
cionales de consumir únicamente sólo dos cucharadas
rasas de azúcar al día, es alarmante ver cómo ha aumentado la producción de azúcar en los últimos dos siglos.
Mientras que en 1800 la producción anual era de menos
de 250 000 toneladas, a principios del siglo XX se elevó
a 10 millones y a finales de este mismo siglo llegó a 135
millones de toneladas, según la Asociación Mundial de
Remolacha y Caña de Azúcar (WABCG).

Además está el problema de los llamados alimentos
"light", que han aparecido en este contexto y como
respuesta a la preocupación por este comportamiento,
pero que en realidad no son tan "ligeros" como aseguran
sus fabricantes. Al leer cuidadosamente las etiquetas
de estos productos, se encontrará por ejemplo que las
papas fritas comunes tienen un 30% de grasa y las "light" un 20%; o que un helado "light" de vainilla tiene 100
calorías por porción mientras que un helado preparado
con frutas y agua, de similar tamaño, tiene 90 calorías
por porción. Adicionalmente, está el hecho de que este
tipo de productos están cargados de químicos cuyos
efectos no muy claros todavía; parecen ser, en todo
caso, nocivos.

¿Pero cuál es la solución? Procurar que los niños
consuman la mayor parte de sus alimentos en casa, evitar
al máximo que ingieran bebidas azucaradas y asegurarse
de que mantengan una buena actividad física, es una
excelente opción.

Sin embargo, lo más importante de todo es que ellos mantengan una alimentación balanceada. Los nutricionistas consideran que los niños deben comer de todo en justas proporciones. Así pues, una correcta alimentación debe estar compuesta por:

- 33% de frutas y verduras.

- 37% de productos energéticos (papas, plátano, arroz, avena, pan, azúcares, aceites y grasas, entre otros).

- 15% de alimentos proteicos (carnes, huevos, leguminosas, pescados y frutos secos, entre otros).

- Un 15% de productos lácteos (leche y sus derivados).

Pensando en todas estas consideraciones pero también en la importante necesidad de que los niños se entusiasmen a la hora de comer, la intención de este libro es lograr que ellos encuentren deliciosa la comida que alimenta.

No cabe duda de que el paladar es algo que educamos poco a poco; a comer bien se aprende, y es por eso que quise entrevistar a niños y jóvenes con el fin de establecer primero cuáles eran sus gustos y preferencias a la hora de comer para luego crear recetas alimenticias. Para ello me remonté al pasado, a las cocinas de la abuela y de las tías —cuando los grandes chefs estaban en las casas de familia—, e inventé para este libro preparaciones con mezclas distintas: ponqués y panes con verduras, sopas con colores atractivos, carnes con

sabores exóticos y múltiples combinaciones innovadoras y ante todo saludables.

Considero de especial importancia y utilidad para mis lectores el capítulo dedicado a la merienda de los niños. Los padres de hoy se devanan los sesos tratando de poner en las loncheras de sus hijos los mejores alimentos, y en muchos casos, agobiados por la vida laboral y por la falta de tiempo, optan por darles una suma de dinero que ellos invierten en el colegio en la llamada comida chatarra. En el capítulo mencionado ofrezco soluciones prácticas, ricas y saludables a todos estos problemas.

Recuerde siempre que el rendimiento escolar y el futuro de los niños dependerán en gran medida de la forma en que se alimenten. Por eso este libro será el mejor aliado. Todas las recetas son para 2 personas, a menos que se indique lo contrario. Por supuesto, las cantidades pueden ser aumentadas para que los niños disfruten de estas preparaciones con sus padres y sus amigos. Así que,

¡Salud y buen apetito!

La autora

Batidos

Alimenticios y exquisitos, los batidos se obtienen licuando diversas frutas con leche, agua o yogur. A los niños les fascinan, sobretodo si se licuan con un banano congelado o con cubitos de hielo, pues adquieren una consistencia espesa y deliciosa.

Por ser elaborados con frutas frescas, los batidos ofrecen los nutrientes en su estado natural (por el contrario, en su gran mayoría los jugos embotellados han perdido sus poderes vivificantes y están cargados de químicos para conservar su color y su sabor). Pero además de nutrir adecuadamente, este tipo de preparaciones tiene la gran ventaja de que a los niños y a los jóvenes les encanta. Un niño que no quiera comer aceptará con gusto un batido. Esto hace que los batidos sean una excelente opción para ofrecerles como desayuno, ya que generalmente están de prisa.

Yogur
rosa

2 yogures espesos sin dulce
2 cdtas. de miel
2 cdas. de moras o fresas picadas

Mezcle muy bien el yogur con la miel hasta que ésta se disuelva. Agregue las moras o las fresas y sirva.

Malteada de
banano

1 banano mediano muy maduro
1 1/2 vasos de leche
3 cubitos de hielo

Corte el banano en trozos, lícuelo con la leche y los cubitos de hielo y sirva.

 Como el banano es suficientemente dulce, no es necesario añadirle azúcar a esta malteada.

Batido de
naranja

1 banano congelado cortado en trozos

1 1/2 tazas de jugo de naranja recién exprimido

1 cdta. de miel o azúcar morena (opcional)

3 cubitos de hielo

Licue los trozos de banano con el jugo de naranja, la miel o el azúcar y los cubitos de hielo y sirva.

Batido de
ensueño

1 taza de jugo de guayaba

1 taza de leche

1 cda. de miel o de azúcar

3 cubitos de hielo

Licue todos los ingredientes, y cuando esté bien espumoso, sirva.

 Recuerde que la guayaba es una de las frutas que más vitaminas tiene. Se han encontrado hasta 15 distintas, entre las que destaca la C, la A y el grupo B

Playa
blanca

1 taza de piña cortada en trozos
1/2 taza de coco rallado
1 taza de agua
1 cdta. de azúcar
2 cubitos de hielo

Licue todos los ingredientes a alta velocidad, cuele si quiere y sirva.

Delicia de
naranja

1 1/2 tazas de jugo de naranja recién exprimido
1/4 de taza de leche en polvo
1 cda. de miel o de azúcar
3 cubitos de hielo

Licue todos los ingredientes a alta velocidad y sirva cuando esté bien espumoso.

Batido de
manzana

1 taza de manzanas en trozos
1/4 de taza de uvas pasas
1 astilla de canela
1 taza de agua hirviendo
1 yogur espeso sin dulce
1 cda. de miel o de azúcar morena

Ponga las manzanas, las uvas pasas y la canela en un recipiente. Agregue el agua hirviendo, tape el recipiente y deje reposar toda la noche. A la mañana siguiente, retire la astilla de canela, agregue el yogur y la miel o el azúcar, y sirva.

Batido del
miquito

1 1/2 tazas de leche
1 cdta. de azúcar morena
2 cdas. de mantequilla de maní
1 banano congelado

Licue todos los ingredientes a alta velocidad y sirva.

 Este batido constituye un desayuno muy alimenticio y delicioso.

Avena para un
buen día

1 taza de leche
3 cdas. de avena
1 astilla pequeña de canela
Azúcar o miel al gusto
Frutas frescas o uvas pasas al gusto

Ponga a hervir la leche con la avena y la canela sin dejar de revolver. Cuando la mezcla esté espesa, retírela del fuego. Al servirla, endúlcela y añada las frutas o las uvas pasas.

 La avena es un cereal rico en zinc, hierro, calcio y magnesio, y tiene una buena cantidad de vitaminas del grupo B que son un remedio maravilloso para el estrés que pueden llegar a tener los adolescentes. Además, recientes estudios han concluido que es excelente para bajar los niveles de insulina y de colesterol, tan altos actualmente en la población infantil.

Aguas
frescas

Usted puede usar 4 bananos maduros, o 2 tazas de fresas bien lavadas y despitonadas, o 8 guayabas sanas sin pelar, o 2 tazas de moras bien lavadas y despitonadas.

Hierva 8 tazas de agua durante 5 minutos y déjelas enfriar. Luego licue la fruta con el agua y cuele de ser necesario. Endulce con un poco de miel o panela raspada, refrigere y sirva entre comidas.

 Las aguas frescas son una magnífica alternativa para calmar la sed y son más saludables que las bebidas gaseosas, pues no tienen químicos ni una excesiva cantidad de azúcar. Pueden hacerse de diversas frutas; la presente es sólo una muestra.

Delicias para la lonchera

Preparar la lonchera de los niños es un dolor de cabeza para la mayoría de los padres, pues es necesario que sea alimenticia y económica pero a la vez atractiva para que ellos no la abandonen cuando lleguen al colegio o la cambien por comida chatarra.

La lonchera que propongo es muy original. Tiene verduras camufladas en tortas, hamburguesas saludables y ensaladas atractivas. Con estas recetas, usted no tendrá que pensar tanto en las mañanas y sus hijos quedarán satisfechos y bien nutridos.

Ensaladas diferentes y deliciosas

El secreto para que los niños consuman con gusto las ensaladas que van en la lonchera es lograr una perfecta combinación de sabores y colores que además sea nutritiva. Las siguientes recetas de ensaladas contienen por ejemplo frutos secos como el maní, que les fascina a los niños y que es una excelente fuente de proteínas, vitamina D, fibra, magnesio, hierro y zinc; o nueces del Brasil, ricas en selenio, excelente para el buen funcionamiento del sistema inmunológico.

El apio también está presente en muchas ensaladas y es una buena fuente de potasio, fibra y vitamina C. Los niños encuentran apetecible su textura y su suave sabor. Por eso, ofrézcaselos en tronquitos para "picar" entre comidas, con o sin salsas. Acompañado por zanahoria cortada también en tronquitos es un ingrediente esencial en las loncheras.

Consumir arroz en las ensaladas es una forma novedosa y saludable de aportarle al organismo energía.

Ensalada de
atún

1 cda. de aceite vegetal

150 gramos de champiñones cortados por la mitad

1/2 pimentón picado finamente

1/4 de taza de granos de mazorca

1 lata de atún en agua

1 cda. de alcaparras (opcional)

1 cda. de perejil fresco picado finamente

1 cda. de albahaca fresca picada

1 cdta. de jugo de limón

1 diente de ajo picado

Sal

Pimienta

2 cdas. de mayonesa casera (ver p. 193) o de yogur espeso sin dulce.

Caliente el aceite en una sartén honda o en un wok y fría a fuego alto durante 5 minutos los champiñones, el pimentón y los granos de mazorca. Retírelos del fuego y déjelos enfriar.

Escurra el atún y desmenúcelo con un tenedor. Mézclelo con las alcaparras, el perejil y la albahaca, el jugo de limón, el ajo, la sal y la pimienta. Añada a esta mezcla la mayonesa o el yogur, los champiñones, el pimentón y los granos de mazorca, revuelva muy bien y sirva.

Ensalada de
arroz

1/3 de taza de zanahoria picada

1/3 de taza de arvejas

1/4 de taza de apio picado

1/4 de taza de cebolla cabezona blanca picada (opcional)

1 taza de arroz blanco o integral cocido

1/3 de taza de maní

1 cda. de uvas pasas (opcional)

3 cdas. (40 gr.) de queso parmesano rallado

2 cdas. de aceite de oliva

1 cda. de vinagre o de jugo de limón

Sal

Pimienta

Ponga la zanahoria en una olla pequeña con poca agua, añada las arvejas y el apio y deje hervir hasta que las verduras estén apenas cocidas. Cuando éstas enfríen, agregue la cebolla cruda (si es del gusto de los niños). Luego agregue esta mezcla al arroz y añada el maní, las uvas pasas, el queso parmesano, el aceite, el vinagre o el jugo de limón, la sal y la pimienta. Revuelva hasta que los ingredientes estén muy bien combinados y sirva.

 Recuerde que las verduras muy cocidas pierden la mayoría de sus vitaminas, por eso es conveniente hervirlas sólo hasta que estén "al dente".

Ensalada de tornillos
de pasta

200 gramos de tornillos de pasta

1/4 de taza de tomates secos picados

100 gr. (1/2 taza escasa) de jamón de cordero en trozos

3 cdas. de albahaca fresca picada finamente

1/4 de taza de aceite de oliva

1 cda. de jugo de limón

50 gr. (1/4 de taza) de queso mozzarella en trozos pequeños

Sal

Pimienta

Cocine la pasta en abundante agua salada. Cuando esté "al dente" retírela del fuego y escúrrala. Aparte, mezcle los tomates secos, el jamón y la albahaca. Añada a esta mezcla el aceite, el jugo de limón, el queso, la sal y la pimienta. Agregue la pasta una vez fría y sirva.

Ensalada
Waldorf

1 taza de manzana roja en cubitos
(sin pelar)

1/4 de taza de apio picado

1/4 de taza de nueces del Brasil u
otro tipo de nueces picadas

1/3 de taza de mayonesa casera
(ver p. 193) o de yogur espeso
sin dulce

2 hojas de lechuga

2 cerezas marrasquino

Combine la manzana con el apio y
las nueces e incorpore la mayonesa
o el yogur hasta que todos los
ingredientes queden muy bien
mezclados. Ponga una porción de
ensalada en cada plato sobre una
cama de lechuga, corone con una
cereza marrasquino y sirva.

Hamburguesas diferentes

Los niños tienen un romance apasionado y al parecer eterno con las hamburguesas. Lamentablemente, éstas se preparan con carne muy grasosa y generalmente vienen cargadas de químicos. Sin embargo, prohibirles las hamburguesas a los chicos no parece ser una buena idea; presentarles alternativas en cambio es una solución viable y permitirles comer una hamburguesa tradicional de vez en cuando —preferiblemente hecha en casa—, tampoco les hará mal.

Algunas verdades sobre las hamburguesas tradicionales

En muchos países la ley estipula que la carne de las hamburguesas debe tener 30% de grasa y 70% de carne magra. No obstante, esta ley no se cumple cabalmente. Generalmente este tipo de carne es muy grasosa y por eso es recomendable hacerla moler —o molerla en casa— dos veces.

Por otra parte, existe un aditivo llamado sulfito de sodio que hace que la carne conserve durante varios días un tono rosáceo, haciéndola parecer fresca todavía. Si sospecha que la carne tiene dicho aditivo, expóngala al sol radiante. Si no contiene sulfito de sodio, inmediatamente se oscurecerá.

Hamburguesas vegetales con champiñones
y queso

1/2 cebolla cabezona roja picada finamente

1 diente de ajo picado

1/2 taza de champiñones picados finamente

1/4 de taza de nueces del Brasil picadas

1/4 de taza de zanahorias ralladas

1/4 de taza de arroz cocido

1 cdta. de perejil

1 cdta. de salsa de soya

Sal

Pimienta

1 huevo batido

Harina

Aceite de girasol

Pan especial para hamburguesas

Mayonesa casera (ver p. 193)

Caliente una cucharada de aceite en una sartén y sofría la cebolla hasta que esté cristalina. Añada el ajo y un momento después los champiñones. Cuando la mezcla haya secado, retire la sartén del fuego. Agregue las nueces, las zanahorias, el arroz cocido, el perejil y la salsa de soya. Salpimiente, agregue el huevo batido y mezcle bien. Con esta mezcla, haga 2 hamburguesas dándoles forma con los dedos y páselas por harina.

Caliente un poco de aceite y fríalas durante 5 minutos aproximadamente por cada lado o áselas en la parrilla la misma cantidad de tiempo. Finalmente, ponga cada una entre dos trozos de pan untado con la mayonesa. Sírvalas inmediatamente o empáquelas en papel parafinado y póngalas en la lonchera.

Hamburguesas de
garbanzos

1 cda. de aceite de oliva

1/2 cebolla cabezona blanca picada finamente

1 tallo de apio picado finamente

2 hojas de albahaca picadas

1/2 manzana o 1/2 pera pelada y picada

2 cdas. de nueces del Brasil picadas

1 cda. de semillas de girasol

1 1/2 tazas de garbanzos en puré

2 huevos batidos (por aparte cada uno)

Miga de pan

Aceite de girasol

Pan especial para hamburguesas

Mayonesa casera (ver p. 193)

Caliente el aceite de oliva y sofría la cebolla hasta que esté cristalina. Mézclela con el apio, la albahaca, la manzana o la pera, las nueces del Brasil, las semillas de girasol y los garbanzos en puré. Añada uno de los huevos batidos a esta mezcla y combine muy bien todos los ingredientes hasta formar una pasta homogénea. Forme 2 ó 3 hamburguesas con esta mezcla y páselas por el otro huevo batido y luego por la miga de pan.

Caliente el aceite de girasol y fría las hamburguesas durante unos 5 minutos por cada lado. Ponga cada una entre dos trozos de pan untado con la mayonesa. Sírvalas inmediatamente o empáquelas en papel parafinado y póngalas en la lonchera.

Hamburguesas
tradicionales

200 gr. (1 taza escasa) de carne de res recién molida

1 cdta. de cebolla cabezona roja picada finamente

1 pizca de tomillo (opcional)

Sal

Pimienta

Aceite de girasol para freír (opcional)

Pan especial para hamburguesas

Mayonesa casera (ver p. 193)

Ponga la carne en un recipiente. Agregue la cebolla y el tomillo y forme dos hamburguesas. Póngalas en el asador del horno durante 5 minutos, voltéelas, salpimiéntelas y déjelas unos 5 minutos más. También puede freírlas en aceite caliente por el mismo periodo de tiempo, o de acuerdo al término que las deseen los niños. Ponga cada una entre dos trozos de pan untado con la mayonesa y sírvalas inmediatamente o empáquelas en papel parafinado y póngalas en la lonchera.

 Tenga en cuenta que la carne molida se descompone muy fácilmente y por lo tanto, hay que utilizarla cuanto antes. Además, comprarla previamente molida puede ser riesgoso; lo mejor es comprar un trozo entero y hacerla moler en el instante o molerla en casa.

Hamburguesas
rellenas

250 gramos (1 taza grande) de
carne de res recién molida

1 cda. de perejil

1 cdta. de cebolla blanca
picada finamente

1 cdta. de mostaza

Sal

Pimienta

2 tajadas de queso mozzarella

Aceite de girasol para freír
(opcional)

Pan especial para hamburguesas

Mezcle la carne, el perejil, la cebolla
y la mostaza. Agregue la sal y la
pimienta y combine muy bien todos
los ingredientes. Con esta mezcla,
forme 4 hamburguesas delgadas.
Disponga una tajada de queso
mozzarella sobre una hamburguesa,
cubra con la otra y selle bien con
los dedos (repita el procedimiento
con las otras 2 hamburguesas y la
tajada de queso restante).

Finalmente, ponga las hamburguesas en el asador durante 6 ó 7
minutos por cada lado o fríalas en
poco aceite por el mismo periodo
de tiempo o de acuerdo al término
que les guste a los niños. Ponga
cada una entre dos trozos de pan
untado con la mayonesa y sírvalas
inmediatamente o empáquelas en
papel parafinado y póngalas en la
lonchera.

Hamburguesas de
ternera

Aceite de girasol para freír

*1 cda. de cebolla cabezona
picada finamente*

*200 gramos (1 taza escasa) de
carne de ternera magra
recién molida*

*1 cda. de zanahoria
rallada finamente*

2 cdas. de harina de trigo

Caliente el aceite en una sartén, añada la cebolla y fríala hasta que esté cristalina. Luego retírela de la sartén.

Aparte, ponga la carne y la zanahoria en un recipiente. Agregue la cebolla y mezcle muy bien.
Dé forma a las hamburguesas, enharínelas levemente y fríalas durante unos 5 minutos por cada lado en la sartén en donde frito la cebolla, añadiendo más aceite si fuese necesario.

Las hamburguesas de carne de ternera son exquisitas y tienen mucho menos grasa que las de carne de res. Si las empaca en la lonchera con anillos de cebolla, pan, salsa de tomate y mayonesa, los niños no notarán la diferencia y quedarán muy bien alimentados.

Emparedados

El clásico emparedado de jamón y queso es delicioso si está preparado con ingredientes de óptima calidad. Sin embargo, existen otros emparedados que también nutren a los niños y son deliciosos. El pan pita, llamado también pan árabe, es ideal para hacer estos emparedados porque puede abrirse en forma de bolsillo y rellenarse.

Rellenos para emparedados

La cantidad del relleno dependerá del tamaño del emparedado, de la clase de pan, y, por supuesto, del apetito del niño:

- Mantequilla de maní y mermelada
- Tocineta tostada, tajadas de tomate y lechuga
- Huevo duro con mayonesa casera (ver p. 193 para la mayonesa)
- Queso crema, nueces picadas y uvas pasas
- Apio picado, manzana picada, nueces y mayonesa
- Tomate, raíces chinas, aguacate y lechuga (opcional: cebolla)

- Jamón y piña en conserva picados
- Espinacas en tiras delgadas y fresas cortadas por la mitad con aderezo de aceite, vinagre y una pizca de azúcar.
- Atún, mayonesa y pepinillos en vinagre
- Sardinas, mayonesa y lechuga
- Pollo deshilachado con mayonesa y apio picado
- Queso crema con mermelada

Ponqués y panes

Estos ponqués y panes son para el disfrute de toda la familia. Son deliciosos, originales y fáciles de hacer.

Para enharinar los moldes es necesario engrasarlos primero y después pasarles harina sacudiéndolos bien, de manera que quede una fina película de harina. Si va a congelar la preparación debe utilizar mantequilla para engrasarlos, de lo contrario se mohosearán al descongelarlos. Si no está seguro del tamaño de molde que debe emplear, tenga en cuenta que la masa cruda debe llenar 3/4 de la capacidad total del molde.

Siempre asegúrese de precalentar el horno 15 minutos antes de introducir en él las preparaciones.

Ponqué de
calabacín

3 huevos

1 taza de aceite de girasol

2 tazas de azúcar morena

2 tazas de calabacín rallado (por el
lado grueso del rallo)

1 cdta. de vainilla

3 tazas de harina de trigo

1 cdta. de bicarbonato

1/4 de cdta. de polvo para hornear

1/4 de taza de uvas
pasas enharinadas

Precaliente el horno a 325º F - 165º C.

Bata los huevos hasta que estén bien espumosos. Añada el aceite, el azúcar, el calabacín y la vainilla, y bata nuevamente para que los ingredientes queden bien mezclados.

Aparte, cierna la harina con el bicarbonato y el polvo de hornear. Adicione esta mezcla a la primera y agregue las uvas pasas. Revuelva bien, preferiblemente batiendo con la batidora.

Vierta la mezcla en dos moldes medianos para pan previamente engrasados y enharinados. Hornee durante 1 hora o hasta que al introducir un cuchillo en el centro del ponqué, este salga limpio.

 Este ponqué se puede congelar.

Ponqué de
banano

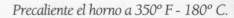

3 huevos

1 taza de azúcar

1/2 cdta. de vainilla

3 bananos medianos muy maduros hechos puré

2 cdas. de leche

1 cda. de vinagre

500 gramos o 2 1/4 tazas de harina

3/4 de cdta. de bicarbonato

1/4 de cdta. de polvo de hornear

Precaliente el horno a 350º F - 180º C.

Bata los huevos hasta que estén espumosos. Añada el azúcar y la vainilla sin dejar de batir, hasta lograr que la mezcla esté muy esponjosa. Agregue los bananos, la leche y el vinagre.

Aparte, cierna la harina, el bicarbonato y el polvo de hornear, añádalos a la mezcla anterior y vierta esta mezcla en un molde previamente engrasado y enharinado. Hornee durante 1 hora o hasta que al introducir un cuchillo en el centro del ponqué, este salga limpio.

 Este ponqué se puede congelar.

Ponqué de
auyama

3 tazas de harina

1 1/2 tazas de azúcar

1 cdta. de canela en polvo

1/2 cdta. de nuez moscada en polvo

1 pizca de clavos de olor en polvo

1 cdta. de bicarbonato

1/2 cdta. de polvo de hornear

3 huevos

2 tazas de auyama cocida y en puré

1 taza de aceite de girasol

1/2 taza de uvas pasas enharinadas (opcional)

Precaliente el horno a 350º F - 180º C.

En un recipiente grande mezcle la harina, el azúcar, la canela, la nuez moscada, los clavos, el bicarbonato y el polvo de hornear. En otro recipiente, bata los huevos y agregue la auyama y el aceite hasta combinar muy bien los ingredientes. Agregue esta última mezcla a la mezcla de harina y revuelva hasta que la preparación quede levemente húmeda (no es necesario batir mucho). Por último, añada mezclando con suavidad las uvas pasas enharinadas.

Ponga la mezcla en dos moldes previamente engrasados y enharinados y hornee durante 1 hora o hasta que al introducir un cuchillo en el centro del ponqué, éste salga limpio.

Pan de
salvado

3 cdas. de mantequilla

3 cdas. de azúcar

1 huevo batido

1 taza de salvado de trigo

1 taza de harina de trigo

3/4 de taza de leche

1 cdta. de sal

2 cdtas. de polvo de hornear

Precaliente el horno a 375º F - 190º C.

Ablande la mantequilla con el azúcar hasta obtener una mezcla cremosa. Añada el huevo y el salvado y mezcle muy bien. Luego, agregue la harina, la leche, la sal y el polvo de hornear y bata hasta que todos los ingredientes estén bien incorporados.

Ponga la mezcla en un molde previamente engrasado y enharinado y llévelo al horno durante 35 minutos aproximadamente o hasta que al introducir un cuchillo en el centro del pan éste salga limpio.

Barritas de
muesli

1 1/4 tazas de granola sin azúcar y sin frutos secos (sin uvas, nueces, ciruelas pasas o manzanas secas, entre otros)

1 cdta. de canela en polvo

1/4 de taza de miel

1/2 taza de azúcar morena

1/2 taza de mantequilla derretida

3 bananos pasos

El jugo de 1 limón

Precaliente el horno a 375º F - 190º C y engrase ligeramente un molde de 35 x 25 cm aproximadamente.

En un recipiente grande mezcle la granola con la canela. Ponga la miel y el azúcar en una olla y caliente a fuego lento hasta que el azúcar se disuelva. Añada la mantequilla y vierta esta mezcla sobre la granola revolviendo muy bien.

Ponga la mitad del preparado en el molde distribuyéndolo uniforme-mente. Añada los bananos pasos previamente mezclados con el jugo de limón y tape con el resto de la mezcla de granola alisando bien la superficie. Hornee durante aproxi-madamente 30 minutos. Cuando haya enfriado, corte en barritas de buen tamaño.

Tortillas
blancas

2 tazas de harina de trigo

2 cdtas. de polvo de hornear

Una pizca de sal

4 cdas. de margarina blanda (preferiblemente de girasol)

1/2 taza + 1 cda. de agua caliente

Aceite de girasol para freír

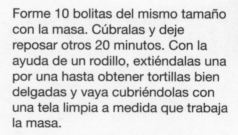

Cierna la harina, el polvo de hornear y la sal. Incorpore la margarina y con la ayuda de un tenedor mézcle todo hasta que la masa semeje migajas gruesas. Añada el agua poco a poco y amase hasta que se absorba completamente; si es necesario, agregue más agua. Cubra la masa y déjela reposar por 15 minutos.

Forme 10 bolitas del mismo tamaño con la masa. Cúbralas y deje reposar otros 20 minutos. Con la ayuda de un rodillo, extiéndalas una por una hasta obtener tortillas bien delgadas y vaya cubriéndolas con una tela limpia a medida que trabaja la masa.

Finalmente, caliente el aceite a fuego alto en una sartén y frite las tortillas hasta que les salgan burbujas por los dos lados.

Empanadas de duraznos en su jugo

1 receta de tortillas blancas (ver receta anterior)

1 tarro de 500 gr. de duraznos en su jugo cortados en cuartos

450 gramos de queso mozzarella en trozos de 4 x 4 cm

Aceite de girasol para freír

Azúcar en polvo

Prepare la masa de las tortillas pero no las frite. Déjelas extendidas y tapadas con un limpión húmedo mientras calienta el aceite en una sartén honda.

Ponga un pedazo de queso sobre la mitad de una tortilla y luego algunas tajadas de durazno. Doble la otra mitad de la tortilla sobre el relleno, selle con agua y oprima los bordes con un tenedor. Repita el procedimiento con las tortillas, el queso y los duraznos restantes.

Frite las empanadas de una en una, regándolas con aceite para que la masa de las tortillas se esponje. Finalmente, páselas por papel de cocina para quitarles el exceso de grasa, roséelas con azúcar en polvo y sírvalas inmediatamente.

 Puede sustituir los duraznos por tajadas de mango maduro o por bocadillo de guayaba.

Sopas

Para que los niños las disfruten, las sopas deben tener magia; ese toque especial que se obtiene mezclando alimentos apetitosos y colores atractivos. Las siguientes son unas sopas exquisitas que harán que sus hijos abandonen el mito que la encantadora Mafalda hizo recorrer por todo el mundo. Para que sean todavía más atractivas para los chicos, puede servirlas coronadas con flores de caléndula o de calabaza (de cultivo orgánico), cilantro, perejil, papas fritas "fosforito", champiñones sofritos, queso rallado... ¡las posibilidades son infinitas! De esta forma y acompañadas por una buena tajada de pan integral, serán un alimento inigualable.

Los niños, sobretodo los más pequeños, encuentran exquisitas las sopas espesas. Una forma fácil de prepararlas es agregándole 4 tazas de salsa blanca medianamente espesa (ver p. 189) taza de puré de verduras cocidas y pasadas por el procesador.

Siempre tenga en cuenta que ninguna sopa es conveniente dejarla hervir demasiado porque perdería todas sus vitaminas.

Todas las recetas de este capítulo son para entre 4 y 6 personas.

Caldo
básico (nueva versión del caldo de la abuela)

450 gramos de carne de res magra (puede ser murillo o pierna)

2 zanahorias cortadas en trozos grandes

1 cebolla cabezona blanca cortada en trozos grandes

1 gajo de cebolla larga

1 rábano cortado en 4

1 ramo pequeño de perejil

1 ramo pequeño de cilantro

2 tallos de apio con hojas, cortados en trozos grandes

10 tazas de agua

Pimienta

Sal

Ponga todos los ingredientes a hervir, con excepción de la sal y la pimienta. Cuando la mezcla suelte el hervor, baje la llama y deje la olla sobre el fuego durante 20 minutos retirando la espuma constantemente con una espumadera. Agregue sal y pimienta al gusto, deje hervir durante 5 minutos más y cuele.

Puede preparar este caldo con antelación, congelarlo por raciones y usarlo a medida que lo necesite. Si lo emplea como base de otra sopa, recuerde que no deberá añadirle mucha sal a ésta porque el caldo ya tendrá suficiente. De todos modos, es importante que tenga en cuenta que la sal siempre se añade al final de la cocción de cualquier sopa.

Minestrone
energética

1 cda. de aceite de oliva

1 diente de ajo picado

1 cebolla cabezona blanca
pequeña picada

4 tomates medianos bien maduros,
pelados, sin semillas y picados

1 litro de agua

2 zanahorias

1 pimentón

2 tallos de apio picados finamente

1/2 taza de habichuelas
picadas finamente

1/2 taza de arvejas

1 taza de fríjoles cocidos
(blancos o rojos)

2 papas peladas y en cuadritos

1 cda. de perejil fresco picado

Sal

Pimienta

Queso parmesano rallado

Tajadas de pan francés muy fresco o
de pan integral

Caliente el aceite en una olla grande y fría el ajo y la cebolla hasta que ésta esté cristalina. Añada los tomates y el agua caliente y revuelva bien. Agregue la zanahoria, el pimentón, el apio, las habichuelas, las arvejas, los fríjoles cocidos y las papas. Lleve la mezcla a ebullición y cuando empiece a burbujear baje el fuego y deje hervir 20 minutos, o hasta que las verduras estén blandas, aunque no demasiado. Agregue sal y pimienta al gusto y sirva la sopa en platos hondos.

Los niños pueden encontrar el sabor del queso parmesano algo fuerte, por eso es mejor que lo pase a la mesa junto con el pan para que todos se sirvan a su gusto. Servida de esta manera, la sopa minestrone es una comida completa, especial para los días fríos.

Sopa de
cebada

4 cdas. de cebada

1 zanahoria en cuadritos

1/2 taza de arvejas

1/2 taza de habichuelas
picadas finamente

Sal (opcional)

4 tazas de caldo básico

Deje remojando la cebada en agua desde la noche anterior. Al día siguiente, póngala a hervir en un poco de agua salada. Pasados 20 minutos retire del fuego y cuélela. Ponga nuevamente los granos de cebada en una olla junto con las verduras, agregue caldo básico y hierva unos 15 minutos más o hasta que las verduras estén tiernas. Sirva humeante.

Sopa de
papas

1 cebolla cabezona blanca pequeña
picada finamente

1 zanahoria mediana en cuadritos

1/2 calabacín en láminas gruesas

2 cdas. de aceite de oliva

4 tazas de caldo básico

450 gramos de papas criollas
(papas amarillas) peladas y
cortadas por la mitad

2 yemas

Cilantro picado

Dore la cebolla, la zanahoria y el calabacín en aceite, en una olla grande, hasta que brillen. Agregue el caldo básico y las papas y deje que la sopa hierva hasta que espese un poco. Bata las yemas y agréguelas un momento antes de servir, revolviendo con energía. Corone con el cilantro picado.

Sopa de
fideos

1 cebolla cabezona blanca
picada finamente

1 cda. de aceite de oliva

4 tomates pelados, sin
semillas y picados

1 zanahoria mediana en cuadritos

4 tazas de caldo básico

50 gramos (1/4 de taza) de fideos

1 huevo batido

4 cdas. de maní o de semillas
de girasol

2 flores de caléndula

En una olla grande, fría la cebolla en el aceite hasta que esté cristalina. Añada los tomates y la zanahoria y unos minutos más tarde el caldo y los fideos. Permita que la mezcla hierva unos 10 minutos, añada el huevo batido y revuelva rápidamente. Deje hervir 2 minutos más. Ponga en cada plato una cucharada de maní o de semillas de girasol y sirva inmediatamente coronando con una flor de caléndula.

 Ningún niño se niega a tomarse una sopa de fideos y menos aún si tiene una deliciosa sorpresa en su fondo como ésta.

Sopa de remolacha y **manzana**

3 remolachas medianas ralladas
(por el lado grueso del rallo)

4 tazas de jugo de manzana

1 cdta. de jugo de limón

4 cdas. de crema agria

Licue la remolacha por tandas con el jugo de manzana hasta obtener una mezcla espesa (también puede pasarla por el procesador). Añada el jugo de limón y revuelva bien. Lleve la mezcla a la nevera durante unas 2 horas y luego sírvala coronada con crema agria.

 Esta sopa fría es particularmente deliciosa y muy alimenticia. Su hermoso color y su sabor naturalmente dulce harán que los niños la encuentren muy apetecible.

Sopa de
tortillas

4 tortillas de maíz (se consiguen en el comercio)

3 cdas. de aceite de girasol

4 tazas de caldo básico

1 taza de tomates en puré

4 cdas. de crema de leche

170 gramos (3/4 de taza) de queso graso en cubos

1/2 cebolla cabezona roja en anillos

Corte las tortillas en trozos longitudinales de 2 centímetros de ancho aproximadamente y fríalas en el aceite hasta que estén crujientes. Luego póngalas sobre papel de cocina para eliminar el exceso de grasa.

Aparte, caliente el caldo básico y agréguele los tomates en puré, la crema, el queso y la cebolla y deje que la sopa hierva durante unos 10 minutos. 1 minuto antes de servirla, añádale las tortillas revolviendo suavemente.

 Para hacer los tomates en puré, tome tomates bien maduros, retíreles el pedúnculo y hágales una cruz superficial en el rabillo. Sumérjalos unos minutos en agua hirviendo y una vez fríos, pélelos y retíreles las semillas. Finalmente, hágalos puré con la ayuda de un tenedor. Si desea, puede guardarlos en la nevera en un frasco esterilizado y bien tapado por un lapso de 3 días.

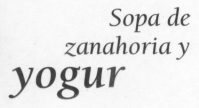

Sopa de zanahoria y *yogur*

4 cdas. de mantequilla

1 cebolla cabezona blanca picada finamente

5 zanahorias pequeñas cortadas en láminas delgadas

1 cdta. de jugo de limón

3 tazas de agua

1 cdta. de miel

1 1/4 tazas de yogur espeso sin dulce

Una pizca de sal (opcional)

Cilantro picado (opcional)

En una olla grande, derrita la mantequilla y fría la cebolla hasta que esté cristalina. Añada las zanahorias y el jugo de limón y cocine durante algunos minutos. Añada 2 tazas de agua, tape la olla y permita que hierva durante unos 20 minutos o hasta que las zanahorias estén bien tiernas. Licue esta mezcla junto con la taza restante de agua y agregue la miel y el yogur batiendo rápidamente. Caliente la sopa sin dejar que hierva y añada una pizca de sal si quiere. Sirva coronada con cilantro, si lo desea.

 El exótico sabor de esta sopa no se parece en nada a los sabores a los que están acostumbrados los niños; sin duda quedarán maravillados al probarla.

Masitas para
sopas

6 cdas. de margarina de girasol

2 huevos

1 1/2 tazas de harina de trigo

1/3 de taza de leche

Sal

Una pizca de nuez moscada

Agua

Ablande la margarina en un recipiente hondo y agregue los huevos uno a uno revolviendo muy bien. Añada la harina y la leche alternándolas, hasta formar una mezcla homogénea. Agregue la sal y la nuez moscada (la masa resultante será algo dura).

Ponga a hervir agua en una olla grande y deje caer la masa por cucharaditas. Tape la olla y permita que hiervan durante 15 minutos. Después, traslade las masitas a la sopa de su predilección con una cuchara cóncava.

También puede preparar estas masitas directamente en la sopa. Estas pequeñas islas de harina harán las sopas mucho más atractivas para los niños. Además son deliciosas.

Caldo con
empanaditas

4 tazas de caldo básico

Para la masa

2 tazas de harina cernida

Una pizca de sal

6 cdas. de margarina de
girasol blanda

2 huevos

4 cdas. de agua

Relleno de las empanaditas

115 gramos (1/2 taza) de carne de
res, de ternera o de pollo
recién molida

1 cda. de alcaparras picadas

1/2 cebolla picada finamente

Sal

Pimienta

Una pizca de tomillo

Mezcle todos los ingredientes del relleno hasta formar una mezcla homogénea.

Cierna la harina con la sal y póngala en un recipiente hondo. Haga un hueco en el centro y añada la margarina, los huevos y el agua. Con la ayuda de una cuchara de madera, integre los ingredientes hasta que la mezcla tenga una consistencia firme. Luego póngala en una tabla enharinada y amásela hasta que esté elástica. Extiéndala y córtela en círculos de aproximadamente 6 cm de diámetro.

Ponga el relleno por cucharaditas en los círculos de masa y dóblelos dándoles forma de empanadas. Selle los bordes con agua y oprímalos con un tenedor. Por último, hierva el caldo y agregue las empanaditas. Deje en el fuego durante 10 minutos y sirva humeante.

Sopa con
barquitos

3 cdas. de aceite de oliva

1 cebolla cabezona blanca
picada finamente

1 diente de ajo picado

225 gramos (1 taza) de carne de res
o de ternera recién molida

5 tazas de agua

1 taza de tomates cocidos
(ver p. 191)

1/2 taza de apio picado

3 papas medianas picadas

1 hoja de laurel

Sal

Pimienta

4 cdtas. de albahaca picada

115 gramos (1/2 taza) de queso
mozzarella en cuadritos

2 tomates frescos pelados, sin
semillas y picados

Caliente el aceite en una olla grande y añada la cebolla y el ajo. Cuando la cebolla esté cristalina, agregue la carne y sin dejar de revolver déjela sobre el fuego hasta que pierda su color rosado y empiece a dorar. Adicione el agua, los tomates cocidos, el apio, las papas y la hoja de laurel. Cuando la sopa hierva, tape la olla y déjela a fuego lento durante 15 minutos. Añada la sal y la pimienta y déjela hervir 7 minutos más agregando más agua si fuese necesario.

Disponga 4 platos hondos y ponga en cada uno de ellos 1 cucharadita de albahaca, una cuarta parte del queso y una cuarta parte de los tomates frescos y sirva inmediatamente.

Carnes, pollos y pescados

En la actualidad la carne de res tiene tantos amigos como enemigos. Lo que es en todo caso cierto es que es la proteína más completa que tenemos a disposición los seres humanos, y una fuente importante de hierro, vitaminas del complejo B y zinc. Sin embargo, es importante tener en cuenta que la grasa que posee es grasa saturada, que puede taponar las arterias del cuerpo humano y en general propiciar enfermedades del corazón. Por eso es primordial que la carne que consuma y ofrezca a sus hijos sea sólo carne de res magra o carne de ternera, que es mucho más suave. Seguro obtendrá un buen resultado con las recetas que ofrezco a continuación si utiliza carne de calidad.

Otra alternativa es la carne de cerdo que posee mucha menos grasa saturada que la de res y tiene un sabor exquisito. Es necesario, sin embargo, asegurarse de que esa carne provenga de granjas tecnificadas en las que los cerdos no sean alimentados con desperdicios. Actualmente este tipo de carne se consigue en casi todos los supermercados.

El pollo, por su parte, tiene mucho menos grasa que las carnes rojas, y al estar concentrada en la piel, es mucho más fácil retirarla; aun cuando el pollo criado en galpones no sea un buen alimento ni para niños ni para adultos, por estar cargado de residuos químicos, antibióticos y hormonas. Asegúrese siempre de comprar pollos criados en granjas que crecen libremente y son alimentados a base de maíz. El pollo es rico en proteínas, zinc y contiene hierro y vitaminas del grupo B.

Este tipo de carne tiene la ventaja adicional de que a los niños les encanta. Por eso ofrezco un buen número de recetas con pollo, innovadoras y muy atractivas.

Finalmente, está el pescado: una de las fuentes más importantes que tenemos de proteínas, vitaminas A, D y E, fósforo y ácidos grasos Omega 3, esenciales para el buen funcionamiento de la memoria, entre muchas otras cosas. Además, es una de las carnes que menos grasa posee. A pesar de todas estas cualidades, muchos niños encuentran muy fuerte su sabor. Por eso, es necesario incluirlo en su dieta lentamente. Las recetas de pescado que propongo en este capítulo, con mezclas atractivas y muy saludables, ayudarán a que sus hijos desarrollen el gusto por este maravilloso alimento.

Goulash

Aceite vegetal

2 cdas. de cebolla picada

3 tomates medianos bien
maduros pelados,
sin semillas y picados

1/4 de taza de zanahoria picada

1 pimentón picado

225 gramos (1 taza) de carne de res
en trozos

1 taza de agua

1 cdta. de páprika

Sal

Pimienta

Ponga el aceite a calentar, agregue la cebolla y fríala hasta que esté cristalina. Agregue los tomates, la zanahoria picada y el pimentón, y unos minutos después adicione la carne y la taza de agua. Por último añada la páprika y salpimiente al gusto. Deje la mezcla sobre el fuego por 30 minutos aproximadamente y una vez listo sirva inmediatamente.

Carne desmechada en salsa de
tomate

1 cda. de aceite vegetal

2 cdas. de cebolla cabezona blanca picada

1 diente de ajo picado

1/2 receta de tomates cocidos (ver p. 191)

1 taza de caldo básico

1 ramito de tomillo

1 hoja de laurel

1 cda. de aceitunas sin semilla y picadas

1 cda. de alcaparras picadas

1 pizca de azúcar

Sal

Pimienta

200 gramos de carne de res para desmechar en un solo trozo

Caliente el aceite en una olla a presión y añada la cebolla y el ajo. Agregue los tomates cocidos y espere unos minutos hasta que se forme una salsa. Añada la taza de caldo y el resto de los ingredientes. Tape la olla y espere 20 minutos después del primer pitazo. Deje enfriar la mezcla y luego saque la carne y deshiláchela con los dedos. Llévela nuevamente a la olla y caliéntela. Sirva sobre arroz blanco, pastas o puré de papas.

Estofado de
carne

4 cdas. de aceite vegetal

225 gramos (1 taza) de carne de res
en trozos pequeños

1 pimentón en tiras

1/2 cebolla cabezona blanca
picada finamente

1 diente de ajo picado

2 tazas de agua caliente

1 cdta. de salsa negra

1 cdta. de salsa de soya

1 hoja de laurel

1 zanahoria en cubitos

1 papa en cubitos

1/4 de taza de habichuelas
picadas finamente

1/4 de taza de arvejas

Sal

Pimienta

Caliente el aceite y fría la carne por todos lados hasta que pierda su color rosado. Agregue el pimentón, la cebolla y el ajo. Cuando el pimentón esté blando, añada el agua, las salsas, la hoja de laurel, la zanahoria, la papa y las habichuelas. Hierva durante 20 minutos, añada las arvejas, la sal y la pimienta y hierva durante 10 minutos más. Sirva caliente.

Molde sorpresa de
carne

1 1/4 cdas. de aceite vegetal

1 cebolla cabezona
mediana picada

1/2 pimentón rojo picado

250 gramos de carne de res o de
ternera recién molida

5 tomates medianos muy
maduros cocidos, pelados,
sin semillas y picados

1 1/2 tazas de arroz cocido

1 cda. de alcaparras (opcional)

1 cda. de albahaca fresca picada

Sal

Pimienta

50 gramos (1/4 de taza) de queso
graso rallado

Precaliente el horno a 350º F - 180º C.

Fría la cebolla y el pimentón en el aceite caliente hasta que la cebolla esté cristalina. Añada la carne molida y deje la sartén a fuego medio hasta que la carne se desmorone y pierda su color rosado. Agregue los tomates, el arroz, las alcaparras, la albahaca, la sal y la pimienta y cubra con el queso.

Vierta la mezcla en un molde alargado mediano previamente engrasado, tápelo y hornee durante 20 minutos aproximadamente la preparación. Destape el molde y hornee otros 20 minutos. Si el queso no se ha dorado, prenda el asador del horno durante 5 minutos. Sirva caliente.

Pastel de
carne

3 cdas. de aceite vegetal

1 diente de ajo

1/2 cebolla cabezona blanca picada

1 cda. de perejil fresco picado

1 cdta. de orégano seco

1/4 de taza de uvas pasas

450 gramos (2 tazas) de carne de ternera recién molida

5 papas (aprox. 450 gramos) peladas

1/4 de taza de leche caliente

1 cda. de mantequilla

1 huevo

Receta para 4 porciones abundantes

Precaliente el horno a 350° F - 180° C.

En una sartén caliente el aceite y fría el ajo y la cebolla hasta que la cebolla esté cristalina. Agregue el perejil, el orégano y las uvas pasas y un momento después la carne. Cueza hasta que la carne pierda su color rosado y comience a dorar y luego retire la sartén del fuego.

Aparte, hierva las papas y hágalas puré añadiéndoles la leche y la mantequilla. Engrase un molde refractario y vierta en él la carne. Extiéndala y cúbrala con el puré. Por último, bata el huevo levemente y barnice con él el puré. Hornee durante 30 a 35 minutos y sirva caliente.

Picadillo
envuelto

3 cdas. de aceite vegetal

1 tomate grande muy maduro pelado, sin semillas y picado

1 diente de ajo picado

1/4 de cebolla cabezona blanca picada finamente

225 gramos (1 taza) de carne de ternera recién molida

2 cdas. de alcaparras

1 cda. de uvas pasas

Sal

Pimienta

250 gramos de pasta de hojaldre (se consigue en el comercio)

1 huevo batido

Precaliente el horno a 350° F - 180° C.

Caliente el aceite y fría el tomate junto con el ajo y la cebolla hasta que el tomate esté blando y la cebolla cristalina. Añada la carne y más aceite si fuese necesario, y unos minutos después adicione las alcaparras y las uvas pasas. Salpimiente y cueza hasta que la carne haya perdido su color rosado y no queden restos de liquido.

En una superficie enharinada y con ayuda de un rodillo, extienda la masa de hojaldre en forma de cuadrado hasta que quede de 1/2 centímetro de grosor. Disponga la mezcla de carne sobre ella y enrolle. Selle el rollo con un poco de agua y oprima los bordes con un tenedor. Bata levemente el huevo y barnice el rollo. Hornee hasta que esté dorado el hojaldre y sirva.

Ternera con verduras *fritas*

1 1/4 cdas. de aceite vegetal

200 gramos (1 taza escasa) de carne de ternera en trozos pequeños

1 cdta. de cebolla cabezona blanca picada

1/2 diente de ajo machacado

1/4 de taza de granos de mazorca

1 zanahoria pequeña cortada en láminas delgadas

2 cdas. de maní

1/4 de taza de arvejas cocidas

1/4 de taza de caldo básico

1 cdta. de salsa soya

1 cdta. de miel

1 cdta. de fécula de maíz disuelta en 1 cda. de agua fría

Sal

Caliente el aceite en un wok o en una sartén y fría la carne durante 4 minutos junto con la cebolla y el ajo. Retire la carne y ponga en la sartén o el wok los granos de mazorca, la zanahoria, las arvejas y el maní. Fríalos durante 3 minutos y luego retírelos.

En la misma sartén ponga el caldo, la salsa de soya, la miel y la fécula de maíz disuelta en el agua. Permita que la mezcla espese ligeramente y agréguele las verduras y la carne. Sirva caliente sobre arroz blanco o pastas.

Cocido
marroquí

2 cdas. de aceite vegetal

200 gramos (1 taza escasa) de carne de ternera cortada en trozos pequeños

1 taza de caldo básico

1/4 de taza de uvas pasas

1/4 de taza de duraznos o manzanas deshidratados

2 cdas. de nueces del Brasil picadas

2 cdas. de cebollas en encurtido picadas

2 cdas. de jugo de naranja

Sal

Pimienta

En una sartén caliente el aceite a fuego alto y dore la carne sin dejar de revolver. Añada el caldo y deje hervir durante 10 minutos. Incorpore los frutos secos, tape y deje hervir durante 10 minutos más. Agregue la cebolla y el jugo de naranja. Salpimiente y hierva durante otros 10 minutos. Sirva acompañado por puré de papas o arroz blanco.

Brochetas (pinchos) de ternera marinadas en salsa
de yogur

3/4 de taza de yogur espeso sin dulce

1/2 cebolla cabezona blanca mediana picada

1 diente de ajo machacado

1 cdta. de jugo de limón

1/2 cda. de cilantro

200 gramos (1 taza escasa) de carne de ternera cortada en cubos de 2 cm de lado

1/2 taza de ciruelas pasas sin semilla

Licue el yogur, la cebolla cabezona, el diente de ajo, el jugo de limón y el cilantro (si la mezcla resulta muy espesa agregue un poquito de agua). Viértala en un recipiente grande y plano y ponga a marinar la ternera en esta mezcla junto con las ciruelas pasas, durante toda la noche y dentro del refrigerador.

Al día siguiente, arme los pinchos alternando la carne con las ciruelas pasas. Ase las brochetas durante 15 minutos en un asador o en una parrilla sobre el fuego y sírvalas.

 Los lácteos son una inapreciable fuente de proteína, calcio, vitamina A y varias del complejo B.

Molde de
carne

1/4 de taza de miga de pan

1/4 de taza de leche

1 huevo batido

225 gramos (1 taza) de carne de ternera recién molida

1 cda. de cebolla cabezona blanca picada

Sal

2 cdas. de salsa de tomate (ver p. 190)

1 cdta. de salsa negra

1 cda. de alcaparras (opcional)

2 cdas. de salsa Bar-B-Q

Precaliente el horno a 350º F - 180º C.

Mezcle la miga de pan y la leche, añada el huevo y combine con la ternera. Agregue la cebolla, la sal, la salsa de tomate, la salsa negra y las alcaparras. En un molde levemente engrasado vierta estos ingredientes y barnice con la salsa Bar-B-Q toda la mezcla. Hornee entre 30 y 45 minutos. Sirva caliente o frío.

 Con este molde de carne se pueden hacer deliciosos emparedados para llevar en la lonchera.

Escalope de ternera con
ciruelas

1 huevo duro

4 ciruelas pasas remojadas en agua desde la noche anterior y picadas

1 escalope de ternera de aproximadamente 200 gramos

Sal

Pimienta

1 cda. de aceite de oliva

1 cda. de crema

1 taza de espinaca picada

Envuelva el huevo entero previamente salpimentado y las ciruelas pasas en el escalope —previamente salpimentado también—, y cosa los extremos con un hilo fuerte (preferiblemente de cáñamo) para formar una especie de paquete. Caliente el aceite a fuego alto y dore la carne por todos lados. Baje el fuego, continúe la cocción por unos 10 minutos más y a último momento añada la crema sin dejar hervir. Corte el paquete en dos a lo largo, retire el hilo con mucho cuidado y sírvalo sobre una cama de espinaca.

Pizza volteada de
salchichas

125 gramos de salchichas
cortadas en tajadas finas

1 cda. de aceite vegetal

1/4 de cebolla cabezona
blanca en anillos

1/2 taza de salsa de tomate
(ver p. 190)

1/2 cdta. de orégano seco

1/2 taza de champiñones cortados
en láminas

2 tajadas de jamón cortado
en cuadritos

50 gramos (1/4 de taza) de queso
mozzarella rallado

2 cdas. de aceitunas negras sin
semilla en trozos

1 huevo

1/2 taza de harina

1/2 taza de leche

1/2 cda. de aceite vegetal

Sal

Precaliente el horno a 375° F - 190° C.

Caliente el aceite y fría las salchichas y la cebolla en él hasta que ésta esté blanda y las salchichas hayan adquirido un tono dorado (de 8 a 10 minutos aproximadamente). Si es necesario, retire el exceso de grasa y agregue la salsa de tomate, el orégano, los champiñones y el jamón. Cuando la mezcla hierva a borbotones, viértela en un molde pequeño sin engrasar y cúbrala con el queso mozzarella y las aceitunas.

Aparte, combine en un procesador o en una batidora el huevo, la harina, la leche, el aceite y la sal, y vierta esta mezcla de forma pareja sobre la preparación.

Hornee hasta que la cubierta esté dorada, unos 20 minutos aproximadamente, divida en dos la pizza y sirva.

Lomo de cerdo con salsa
de agraz

450 gramos de lomo de cerdo

Sal

Pimienta

2 cdas. de aceite vegetal

1 taza de agraz

1/3 de taza de miel

1/2 taza de agua

1/4 cdta. de canela en polvo

1/4 de cdta. de nuez moscada en polvo

Corte el lomo en tajadas de unos 4 cm de grosor y aplánelas poniéndolas entre dos pedazos de plástico y golpeándolas con un mazo para carnes. Luego sazónelas con sal y pimienta.

En una sartén de fondo pesado caliente el aceite y fría las tajadas por ambos lados. Una vez doradas retírelas de la sartén y ponga en ella el agraz, la miel, el agua, la canela y la nuez moscada dejando hervir hasta que el agraz esté blando. Luego añada el cerdo a la salsa, deje hervir unos 7 minutos más y sirva inmediatamente.

 Este plato exquisito alcanza para 4 personas; es ideal para prepararlo en una fecha especial y comerlo en compañía de los niños.

Croquetas
voladoras

3 aceitunas sin semilla picadas

*340 gramos (1 1/2 tazas)
de carne de res o de pollo
cocida y molida*

1 huevo batido

*50 gramos (1/4 de taza) de queso
graso rallado*

Sal

Pimienta

Aceite vegetal para freír

Mezcle todos los ingredientes hasta lograr una pasta homogénea. Forme 4 croquetas y fríalas durante unos 6 minutos por cada lado. Una vez listas páselas por papel de cocina, para retirar el exceso de grasa, y sírvalas inmediatamente.

Pizza al
instante

2 panes árabes (pan pita)

4 cdas. de tomates cocidos (ver p. 191) o 2 tomates grandes muy maduros pelados, en tajadas y sin semillas

50 gramos (1/4 de taza) de queso graso rallado

2 tajadas de jamón cortado en cuadritos

1/4 de taza de champiñones cortados en láminas

1/4 de cdta. de albahaca seca

1/4 de cdta. de orégano seco

Sal

Precaliente el horno a 350º F - 180º C.

Ponga los panes en una bandeja. Cúbralos con los tomates cocidos o con las tajadas de tomate y esparza por encima el queso, las tajadas de jamón y los champiñones. Espolvoree con la albahaca, el orégano y la sal. Hornee durante 10 minutos aproximadamente o hasta que el queso derrita, y sirva.

 Estas pizzas no deben hornearse demasiado porque el pan árabe se endurece rápidamen-

Pechugas de pollo
marinadas

1 pechuga de pollo grande
cortada por la mitad o
2 pequeñas

El jugo de 1 limón

1 ramita de romero

1 ramita de tomillo

1 hoja de laurel

1 diente de ajo picado

2 cdas. de salsa de soya

1 cda. de miel de abejas

1 cda. de agua

Sal

Pimienta

Con una noche de anticipación, haga pequeños cortes no muy profundos en la pechuga y póngala en un recipiente esmaltado o de cristal. Mezcle el resto de los ingredientes y bañe la pechuga con esta mezcla.

Al otro día retire la marinada y aparte las hierbas. Ase las pechugas en la parrilla de 8 a 10 minutos por cada lado u hornéelas a 350° F (180° C) unos 25 minutos, bañándolas de cuando en cuando con los líquidos que vaya soltando. Una vez listas, sírvalas inmediatamente.

Pechugas en salsa
de moras

1 pechuga de pollo grande cortada por la mitad o 2 pequeñas

1 taza de harina

Sal

Pimienta

1/4 de cdta. de orégano seco

1 huevo grande

2 cdas. de aceite de oliva

Salsa de moras

1 taza de moras despitonadas

1 taza de azúcar

1 cdta. de jugo de limón

1/4 de cdta. de canela en polvo

1 cdta. de fécula de maíz disuelta en 1 cda. de agua fría

Primero prepare la salsa de moras. Póngalas en una olla honda, agregue el azúcar y lleve la olla a fuego alto sin revolver. Cuando haya subido la espuma, agregue el jugo de limón, la canela y la fécula de maíz disuelta en el agua. Revuelva muy bien. Baje el fuego y sin dejar de revolver espere a que la salsa quede levemente espesa (aproximadamente 10 minutos).

Aplane muy bien los trozos de pechuga poniéndolos entre dos pedazos de plástico y golpeándolos con un mazo para carnes. Mezcle la harina, la sal, la pimienta y el orégano en un recipiente pequeño y bata el huevo hasta que quede espumoso. Pase las pechugas por él y posteriormente por la mezcla de harina y especias. Sofríalas hasta que queden bien doradas. Caliente la salsa y bañe las pechugas con ella.

Pechugas de pollo con fideos

2 cdas. de aceite vegetal

1/4 de taza de zanahorias en láminas delgadas

1/4 de taza de apio en láminas delgadas

1/4 de taza de cebolla cabezona blanca en anillos

1 pechuga de pollo en trozos pequeños

1 cda. de harina de trigo

1 taza de agua

115 gramos de pasta cabello de ángel

1/4 de taza de arvejas cocidas

Ponga el aceite a calentar en un wok y fría la zanahoria, el apio y la cebolla de 3 a 4 minutos. Agregue las pechugas previamente rebozadas en la harina añadiendo más aceite si fuese necesario. Fríalas durante unos 5 minutos y retire la mezcla del wok. Ponga el agua a hervir, añada la pasta y aguarde de 3 a 5 minutos, o de acuerdo a las instrucciones del paquete. Retírela del wok y ponga nuevamente en él la mezcla del pollo con las verduras, agregando las arvejas y la salsa de soya. Finalmente añada la pasta, mezcle todo muy bien durante 1 minuto y sirva inmediatamente.

Pollo con ciruelas
pasas

1 tomate maduro pelado, sin
semillas y picado

1 clavo de olor

1 pizca de canela en polvo

1 pizca de nuez moscada en polvo

1 cda. de aceite vegetal

1/4 de cebolla cabezona blanca
mediana picada finamente

2 presas de pollo

1 taza de agua

Sal

Pimienta

1 plátano hartón maduro en
cuadritos y frito

4 ciruelas pasas sin semilla cortadas
en trozos

Mezcle el tomate con el clavo de olor, la canela y la nuez moscada. En una sartén, fría la cebolla en el aceite hasta que esté cristalina y añada el pollo, agregando más aceite si fuese necesario. Dórelo por todos lados. Agregue la mezcla del tomate con las especias, la taza de agua, la sal y la pimienta, y cueza a fuego lento unos 20 minutos o hasta que al enterrar un tenedor en el pollo los jugos salgan transparentes. Finalmente, agregue el plátano y las ciruelas pasas y hierva unos 7 minutos más. Sirva inmediatamente.

Pollo frito
al estilo
Kentucky

2 tazas de agua

2 presas de pollo

1 diente de ajo

1/2 cebolla cabezona blanca mediana cortada en trozos

1 manojo de hierbas (laurel, tomillo y perejil)

1 huevo

1/2 taza de cereal de maíz triturado

1/4 de taza de aceite vegetal

Cueza el pollo a fuego lento en el agua junto con el ajo, la cebolla y las hierbas. Cuando al enterrarle un tenedor a las presas los jugos salgan transparentes, el pollo estará a punto. Entonces, retírelo del fuego.

Bata el huevo hasta que esté espumoso y pase las presas por él y luego por el cereal de maíz. Caliente el aceite y fríalas hasta que estén doradas. Una vez listas páselas por papel de cocina para retirar el exceso de grasa. Sirva acompañado de papas fritas y salsa de tomate (ver p. 190).

Pollo con
frutas

4 cdas. de aceite vegetal

*1/2 cebolla cabezona blanca
mediana picada finamente*

2 presas de pollo

Sal

Pimienta

2 tajadas de piña picada

1 manzana pelada y picada

1/2 taza de nueces o maní picado

1 taza de agua

En una sartén, fría la cebolla en el aceite hasta que esté cristalina. Salpimiente el pollo y agrégueselo a la cebolla añadiendo más aceite si fuese necesario. Cuando esté dorado por todos lados, agregue la piña, la manzana y las nueces o el maní. Baje el fuego, agregue la taza de agua y tape la sartén. Cueza durante 30 minutos aproximadamente y sirva.

Enchiladas de pollo especiales para *niños*

8 tortillas de maíz (se consiguen en el comercio)

2 cdas. de aceite de girasol

Salsa de maní

1 pechuga de pollo cocida y desmenuzada

8 hojas de lechuga cortadas en tiras delgadas

115 gramos (1/2 taza) de queso blanco rallado

Salsa de maní

1 cebolla cabezona picada

1/4 de taza + 2 cdas. de maní

3 cdas. de cilantro picado

1/4 de taza de miga de pan

1/4 de taza de leche

Sal

Pimienta

Precaliente el horno a 350° F- 180° C.

Para preparar la salsa de maní, muela la cebolla en un mortero con el maní y luego agregue el cilantro hasta formar una pasta homogénea. Añada la miga de pan remojada en la leche, la sal y la pimienta, y ponga todo en una olla pequeña. Llévela a fuego bajo hasta que la mezcla espese.

Fría las tortillas ligeramente en el aceite caliente sin dejarlas tostar y retírelas. Disponga un poco de salsa en cada tortilla y rellénelas con la lechuga, el pollo y un poco del queso. Póngalas en un recipiente previamente engrasado y cúbralas con más queso rallado. Hornéelas hasta que estén calientes y sírvalas inmediatamente.

Pollo en
maní

4 cdas. de aceite vegetal

2 presas de pollo

1 cebolla cabezona blanca
mediana picada finamente

1 diente de ajo picado

3 tomates maduros pequeños
pelados, sin semillas y en trozos

1/2 taza de agua

1/3 de taza de maní

1/4 de cdta. de canela en polvo

1 clavo de olor

1 pizca de azúcar

Sal

Pimienta

Fría el pollo en el aceite y déjelo cocer en sus propios jugos a fuego bajo unos 20 minutos junto con la cebolla y el ajo.

Licue los tomates con el agua, el maní, la canela en polvo, el clavo de olor, el azúcar, la sal y la pimienta. Si la mezcla resulta muy espesa, agregue más agua (puede también utilizar el procesador en lugar de la licuadora para hacer la mezcla).

Si pasados los 20 minutos el pollo ha soltado mucha grasa, retíresela. Añádale la mezcla de tomates y especias, permita que hierva durante unos 10 minutos más y sirva inmediatamente.

Pollo con
bananos

2 cdas. de mantequilla

1 cdta. de aceite de oliva

1 pechuga grande cortada
por la mitad

Sal

4 bananos maduros

1/2 cebolla cabezona blanca picada

1 diente de ajo picado

1 tomate maduro pelado, sin
semillas y picado

1/4 de taza de perejil picado

1/4 de taza de caldo básico

1/2 taza de yogur espeso sin dulce

Derrita la mantequilla en una sartén de fondo pesado, agregue el aceite y fría los pedazos de pechuga hasta que queden bien dorados agregando sal al gusto. Retírelos de la sartén y reserve los jugos que desprendieron.

Pele los bananos, corte 2 en trozos y los otros 2 por mitades a lo largo. Ponga estas mitades en la sartén y fríalas a fuego medio hasta que doren, agregando más mantequilla si fuese necesario. Retírelas reservando nuevamente los jugos. En la misma sartén, ponga la cebolla y el ajo y unos minutos después el tomate, el perejil y los bananos en trozos. Agregue el caldo, el pollo y los jugos que reservó, y hierva a fuego lento unos 15 minutos. Por último, añada el yogur, revuelva bien y cuando la mezcla esté a punto de hervir, retírela del fuego. Sirva un trozo de pechuga con salsa en cada plato con una mitad de banano frito a cada lado.

Rollitos de jamón
de pollo

4 cdas. de requesón

1 pera o 1 manzana pelada y
cortada en tajadas delgadas

1 cda. de nueces picadas finamente

4 tajadas de jamón de pollo

Mezcle el requesón con la pera o la manzana y añada las nueces picadas hasta formar una pasta homogénea. Distribuya un poco de la pasta en cada tajada de jamón y forme rollitos. Asegúrelos con un palillo y sírvalos.

Pollo en néctar de
durazno

Salsa de durazno

1 taza de néctar de durazno

2 cdtas. de jugo de limón

1 cdta. de salsa de soya

1 pizca de mostaza o más (opcional)

1 pechuga grande cortada
por la mitad

Hierva el néctar de durazno con el jugo de limón, la salsa de soya y la mostaza (si es del gusto de los niños). Agregue los trozos de pechuga, baje el fuego y deje hervir durante 20 minutos aproximadamente. Transcurrido este tiempo, pinche las pechugas con un tenedor; si los jugos salen transparentes, están a punto. Sirva caliente.

Pollo
chino

2 presas de pollo

Sal

Pimienta

2 cdas. de salsa de tomate
(ver p. 190)

2 cdas. de salsa de soya

2 cdas. de miel de abejas

2 cdas. de agua

Precaliente el horno a 350º F - 180º C.

Salpimiente las presas de pollo. Mezcle muy bien la salsa de tomate, la salsa de soya, la miel de abejas y el agua. Ponga en esta mezcla las presas de pollo y déjelas marinar toda la noche en la nevera. Llévelas al horno durante 35 minutos aproximadamente, bañándolas de cuando en cuando con la salsa y una vez listas sírvalas inmediatamente.

Atún en submarino
amarillo

4 papas grandes

3 cdas. de leche caliente

1 cdta. de aceite de oliva
o de aceite de girasol

Sal

Pimienta

1 lata de atún en agua

2 cdas. de salsa de tomate
(ver p. 190)

1 cda. de aceitunas sin semilla y
picadas

1 cda. de alcaparras

50 gramos (1/4 de taza) de queso
graso rallado

Precaliente el horno a 350º F - 180º C.

Ponga las papas a hervir hasta que
estén blandas. Déjelas enfriar,
pélelas y conviértalas en puré con
ayuda de un tenedor. Mientras
realiza este proceso, vaya añadiéndoles la leche y el aceite para
obtener un puré suave. Salpimiente
y reserve.

Escurra el atún y desmenúcelo con
un tenedor. Mézclelo con la salsa de
tomate, las aceitunas y las
alcaparras y añada una pizca de sal
y de pimienta. Ponga la mitad del
puré en un recipiente pequeño previamente engrasado, agregue la
mezcla de atún y cúbralo con el
puré restante. Esparza por encima
el queso rallado y lleve el recipiente
al horno durante 30 minutos aproximadamente. Si es necesario, en los
últimos 5 minutos de cocción
prenda el asador del horno para que
el queso gratine. Sirva caliente.

Croquetas de
atún

3 papas medianas

1 cda. de mantequilla derretida

3 cdas. de leche caliente

1 lata de atún en agua o en aceite

El jugo de 1/2 limón

1/4 de cdta. de salsa inglesa

3 huevos (2 de ellos batidos)

3/4 de taza de miga de pan

Aceite de girasol para freír

Cueza las papas y todavía calientes hágalas puré incorporándoles la mantequilla y la leche derretida a medida que las trabaja.

Escurra el atún, desmenúcelo con un tenedor y mézclelo con el puré. Agregue el jugo de limón, la salsa inglesa, los huevos batidos, la sal y la pimienta y forme las croquetas.

Bata levemente el otro huevo y pase por él las croquetas y luego por la miga de pan. Fríalas en aceite muy caliente y una vez listas, retíreles el exceso de grasa con un papel de cocina. Sírvalas inmediatamente.

Torta de
atún

2 cdas. de aceite de oliva

1/2 cebolla cabezona blanca picada

1 diente de ajo picado

2 cdas. de harina

3/4 de taza de leche

1 lata de atún en agua

Sal

Pimienta

2 huevos

1 taza de arroz cocido

115 gramos (1/2 taza) de queso mozzarella rallado

2 cdas. de miga de pan

Precaliente el horno a 350° F - 180° C.

Caliente el aceite y fría en él la cebolla y el ajo hasta que la primera esté cristalina. Aparte, mezcle la harina con la leche evitando que se formen grumos. Lleve a fuego medio sin dejar de revolver hasta obtener una salsa suave. Escurra el atún e incorpórelo a esta salsa junto con la cebolla y el ajo y salpimiente al gusto. Bata ligeramente los huevos, añada el arroz, el queso rallado y la preparación anterior y revuelva todo muy bien.

Engrase una refractaria pequeña y disponga en ella la mezcla. Espolvoree con la miga de pan y hornee de 20 a 30 minutos. Sirva caliente.

Pescado con
nueces

2 huevos

2 cdas. de harina de trigo

115 gramos (1/2 taza) de queso
parmesano rallado

2 filetes de pescado sin espinas

2 cdas. de mantequilla o margarina
de girasol

2 cdas. de aceite vegetal

1/4 de taza de nueces del Brasil
tostadas y picadas finamente

Precaliente el horno a 375º F - 190º C
y ponga a calentar dentro de él un
molde largo.

Bata los huevos ligeramente en un
recipiente pando. Mezcle la harina y
el queso, y espárzalos sobre un
trozo de papel parafinado. Pase los
filetes por ambos lados por los
huevos batidos y luego por esta
mezcla.

Saque el molde del horno y derrita en
él la mantequilla o margarina; añada
el aceite y ponga los filetes en él.
Hornéelos de 7 a 10 minutos y una
vez listos corónelos con las nueces.

Luna de
pescado

2 filetes de pescado de
aproximadamente 100 gramos

1 taza de caldo básico

2 huevos duros

1 cda. de aceite de oliva

1 cdta. de vinagre (preferiblemente
de vino)

1 cda. de alcaparras picadas

1 pizca de mostaza

Sal

Pimienta

1 aceituna rellena con pimentón

1 cda. de perejil picado

Hierva el pescado en el caldo durante unos 7 minutos. Déjelo enfriar y tritúrelo con un tenedor.

Aparte, triture los huevos duros hasta convertirlos en puré y mézclelos con el aceite, el vinagre, las alcaparras, la mostaza, la sal y la pimienta. Combine esta mezcla con el pescado hasta formar una pasta homogénea y déle forme de media luna. Con una aceituna forme el ojo del pescado y con el perejil espolvoreado simule las escamas. Sirva frío.

Róbalo en salsa de
mandarina

2 filetes de róbalo

1 huevo batido

1/2 taza de miga de pan

4 cdas. de aceite de oliva

Sal

Pimienta

Salsa de mandarina

1 cda. de fécula de maíz

1 taza de jugo de mandarina

3 cdas. de azúcar morena

1 cda. de vinagre suave

Reboce los filetes de róbalo en el huevo batido y páselos por la miga de pan hasta que queden bien cubiertos por ambos lados. Fríalos en el aceite bien caliente, 4 ó 5 minutos por cada lado volteándolos sólo una vez. Salpimiéntelos y resérvelos.

Para preparar la salsa de mandarina, mezcle la fécula de maíz con un poco del jugo de mandarina revolviendo muy bien para evitar que se formen grumos. Luego, añada el resto del jugo, el azúcar y el vinagre y revuelva hasta que todos los ingredientes queden bien mezclados. Ponga la salsa en una sartén amplia y llévela a fuego medio por unos 7 minutos o hasta que espese. Disponga los filetes sobre la salsa dejando hervir por 3 minutos más y sirva inmediatamente.

Róbalo al
ajonjolí

1 clara de huevo

1/2 taza de semillas de
ajonjolí tostadas

2 filetes de róbalo

2 cdas. de aceite de oliva

Sal

Pimienta

Precaliente el horno a 400° F - 205° C.

Bata la clara en un recipiente hondo hasta que esté espumosa y en otro recipiente de fondo plano esparza las semillas de ajonjolí. Moje los filetes en el aceite, séquelos levemente y salpimiéntelos. Sumérjalos por un solo lado en la clara de huevo y después páselos por las semillas de ajonjolí de manera que queden bien cubiertos. Luego póngalos con el lado de las semillas hacia arriba en un papel de aluminio.

Engrase levemente un molde, póngalo en el horno durante unos 5 minutos y ubique los filetes en él con la cara del ajonjolí hacia abajo. Hornee unos 8 minutos y sirva inmediatamente con el ajonjolí hacia arriba.

Ensalada de
pescado

*2 filetes de pescado de
aproximadamente 100 gramos*

1 taza de caldo básico o más

1 hoja de laurel

1 ramita de tomillo

*2 manzanas peladas y cortadas en
trozos muy pequeños*

*1/4 de taza de crema o de yogur
espeso sin dulce*

*1 cda. de mayonesa casera
(ver p. 193)*

El jugo de 1/2 limón

Sal

Pimienta

1/2 pimentón rojo (opcional)

Hierva los filetes en el caldo durante 7 minutos junto con el tomillo y el laurel y déjelos enfriar. Retire las hierbas, córtelos en cubitos y mézclelos muy suavemente con las manzanas para evitar que el pescado se desmorone.

Combine muy bien la crema o el yogur, la mayonesa, el jugo de limón, la sal y la pimienta e incorpore esta mezcla al pescado. Adorne con pedacitos de pimentón si desea y sirva.

Verduras y ensaladas

Como dije antes, convencer a los niños para que coman ensaladas y verduras en general es cuestión de creatividad y por tanto de tiempo y paciencia. Tenga la seguridad de que sus hijos dejarán la típica ensalada de lechuga y tomate intacta en el plato; es poco atractiva para la mayoría de ellos. Lo mismo sucederá con las verduras mal presentadas. Las recetas que encontrará a continuación presentan combinaciones atractivas, apetitosas y muy sanas.

Recuerde que la dieta de sus hijos no estará completa si no incluye verduras. Para asegurarse de conservar todos sus nutrientes, hiérvalas siempre en poca agua (o en lo posible al vapor), destapadas y sólo hasta que estén crujientes. No añada nunca bicarbonato en su cocción, pues aunque intensifica su color, se ha demostrado que neutraliza algunos de sus nutrientes.

Ensalada de lechuga, tomates y huevos de
codorniz

3 huevos de codorniz

1 cdta. de vinagre

1 pizca de sal

4 cdas. de mayonesa casera
(ver p. 193)

1 cdta. de jugo de limón

Sal

Pimienta

1/2 lechuga cogollito europeo (o la
de su preferencia) deshojada

3 tomates cherry

Ponga los huevos de codorniz en una olla con agua hirviendo a la que le habrá agregado el vinagre y la pizca de sal (esto evitará que se revienten y hará más fácil pelarlos). Deje hervir el agua durante 10 minutos, retire los huevos, páselos por agua fría y pélelos.

Mezcle la mayonesa con el jugo de limón y añada la sal y la pimienta. Cuando vaya a pasar la ensalada a la mesa, combine esta mezcla con la lechuga y ponga encima los tomates y los huevos de codorniz cortados por la mitad.

Ensalada de pollo con vinagreta de
naranja

3 cdas. de mantequilla o margarina de girasol

2 pechugas grandes deshuesadas y cortadas por la mitad

2 tazas de lechugas de distintos tipos picadas

8 cascos de naranja sin las membranas

4 cdas. de nueces del Brasil picadas

1 cdta. de cáscara de naranja rallada

Vinagreta de naranja

1 taza de jugo de naranja

2 cdas. de vinagre

4 cdas. de aceite de oliva

2 cdtas. de miel

1 cdta. de mostaza (opcional)

Receta para 4 porciones

Derrita la mantequilla o la margarina en una sartén pesada y fría los trozos de pechuga por ambos lados, hasta que doren y al pincharlos sus jugos ya no salgan rosados. Luego deje que enfríen.

Para preparar la vinagreta de naranja ponga todos los ingredientes en un frasco, tape bien y agite hasta que todo quede bien mezclado. Vierta la mezcla en una olla pequeña y llévela al fuego hasta que suelte el hervor.

Corte los trozos de pechuga en tiras y arréglelas en cada plato sobre una cama de lechugas. A un lado, ubique los cascos de naranja y riegue con las nueces picadas. Bañe los trozos de pechuga con la vinagreta y espolvoréelos con la cáscara rallada.

Ensalada de pollo con nueces del
Brasil

1 pechuga grande de pollo cocida y cortada en trozos pequeños

1 tallo de apio picado finamente

1/4 de cebolla cabezona blanca picada finamente

1 manzana roja sin pelar y picada

1/3 de taza de nueces del Brasil cortadas en láminas y tostadas

1/4 de taza de mayonesa casera (ver p. 193)

Lechuga o espinacas cortadas en tiras (opcional)

Corte la pechuga en trozos pequeños. Mezcle el apio, la cebolla cruda, la manzana y la mitad de las nueces y añada la mayonesa revolviendo muy bien. Sirva sobre una cama de lechuga o de espinacas y corone con el resto de las nueces.

Ensalada de
piña al
instante

2 tajadas de piña descorazonadas
2 cdas. de requesón
2 ciruelas pasas sin semilla
Azúcar en polvo

Ponga cada tajada de piña en un plato. Rellene el espacio donde estaba el corazón con el requesón y corone cada una con 1 ciruela pasa. Espolvoree con un poco de azúcar en polvo y sirva.

Ensalada de papas
y queso

1 tira de tocineta

1/4 de cebolla cabezona blanca pequeña picada finamente

Aceite vegetal para freír

1 huevo duro picado

4 papas cocidas y en cuadritos

30 gramos (2 cdas.) de queso graso rallado

1/4 de taza de mayonesa casera (ver p. 193)

2 cdas. de perejil picado

Sal

Pimienta

Ponga una sartén de fondo pesado sobre el fuego y cuando esté caliente disponga en ella la tocineta. Cuando haya soltado parte de la grasa y esté empezando a dorar, retírela y déjela enfriar. Fría la cebolla en la misma sartén y con la grasa de la tocineta hasta que esté cristalina, agregando un poco de aceite vegetal si fuese necesario. Corte la tocineta en trozos pequeños y mézclela con la cebolla, las papas, el huevo y el queso. Añada la mayonesa, el perejil, la sal y la pimienta y revuelva suavemente. Sirva inmediatamente.

Ensalada de
remolacha

1 paquete de gelatina de limón

1 taza de agua caliente

3 remolachas medianas

1/4 de taza de repollo rallado

Sal

Receta para 4 porciones generosas

Ponga a cocinar en agua las remolachas durante 1 hora aproximadamente (30 minutos si es en olla a presión). Una vez listas déjelas enfriar, elabore un jugo con una de ellas licuándola con un poco de agua y corte las otras dos en cuadritos.

Prepare la gelatina disolviéndola en el agua caliente y añádale el jugo de remolacha, las remolachas en cuadritos, el repollo y sal al gusto. Lleve a la nevera y permita que cuaje. Sirva fría.

 Un gran beneficio de la remolacha es que ésta tiene una serie de azúcares y vitaminas que proporcionan energía rápidamente. Además es excelente para el sistema digestivo y para el hígado y una buena fuente de potasio y calcio. Su sabor dulzón hace que los niños la encuentren exquisita.

Remolachas rellenas de
manzana

2 remolachas medianas
1 taza de yogur espeso sin dulce
1 manzana pelada y picada
1 pizca de canela en polvo
1 cda. de miel de abejas

Ponga a cocinar las remolachas en agua durante 1 hora aproximadamente (30 minutos si es en olla a presión). Una vez listas pélelas mientras estén todavía tibias y luego déjelas enfriar. Entonces, hágales un orificio en la mitad teniendo cuidado de no romperlas.

Mezcle el yogur con la manzana, la canela y la miel de abejas y rellene con esta mezcla las remolachas. Sírvalas frías.

Ensalada de remolacha y
piña

1 remolacha grande

3/4 de taza de piña cortada en trozos pequeños

1/4 de taza de apio cortado finamente

2 cdas. de aceite de oliva

1 cdta. de vinagre

1/4 de cdta. de azúcar

Sal

Ponga a cocinar la remolacha en agua durante 1 hora aproximadamente (30 minutos si es en olla a presión). Una vez lista, déjela enfriar, pélela y córtela en cuadritos. Luego mézclela con la piña y el apio y agregue el aceite, el vinagre, el azúcar y la sal, revolviendo bien hasta que las verduras queden bien cubiertas. Lleve la ensalada a la nevera durante unas 3 horas y sáquela 1 hora antes de servirla (esto es esencial para realzar su sabor y tomar todo su gusto).

Ensalada riquísima de
repollo

1/2 repollo blanco rallado (por el lado grueso del rallo)

1 zanahoria rallada (por el lado grueso del rallo)

1 pepino cohombro en tajadas

1/2 pimentón rojo mediano en tiras

Aderezo

Sal

1/4 de taza de vinagre

1/4 de taza de aceite de girasol

1/4 de taza de azúcar

3 cdas. de agua

Ponga el repollo, la zanahoria, el pepino y el pimentón en un recipiente grande.

Para preparar el aderezo, mezcle muy bien la sal, el vinagre, el aceite, el azúcar y el agua. Incorpórelo a las verduras revolviendo hasta que queden bien cubiertas y refrigere la ensalada durante 24 horas (esto es esencial para que quede exquisita). Cuando la vaya a servir, retírele el líquido que haya soltado.

Arvejas con
crema

4 tazas de agua
1 taza de arvejas
Sal
Azúcar
1/3 de taza de crema de leche

Ponga el agua a hervir con una pizca de sal y una de azúcar (esto ayudará a intensificar el color de las arvejas). Cuando esté hirviendo a borbotones, vierta en ella las arvejas y tape la olla. Hierva durante 15 minutos aproximadamente o hasta que las arvejas estén blandas pero no demasiado. Mezcle la crema con azúcar y sal al gusto, escurra las arvejas y agrégueles rápidamente esta mezcla. Revuelva muy bien y sirva inmediatamente.

Arvejas de
Tita

1 taza de agua
1 pizca de azúcar
1 taza de arvejas
1 cda. de mantequilla
Sal
Pimienta
1/4 de cdta. de azúcar

Ponga a hervir el agua con la pizca de azúcar y una pizca de sal. Cuando esté hirviendo a borbotones, vierta en ella las arvejas, tape la olla y déjela a fuego alto durante 15 minutos o hasta que las alverjas estén blandas pero no demasiado. Luego, escúrralas y séquelas rápidamente con la olla sobre el fuego, sacudiéndola para que no se peguen. Finalmente, agregue la mantequilla, la sal, la pimienta y el azúcar y revuelva bien. Sirva inmediatamente.

Arvejas con
jamón

1/4 de cebolla cabezona blanca
mediana en anillos

1 cda. de aceite de girasol

1/2 zanahoria mediana en cuadritos

1 taza de arvejas

2 tajadas gruesas de jamón cortado
en cuadritos

1/2 taza de caldo básico

Pimienta

Fría la cebolla en el aceite hasta que
esté cristalina, añada la zanahoria,
las arvejas y el jamón y revuelva un
poco. Vierta encima el caldo, añada
pimienta al gusto y hierva hasta que
las arvejas estén tiernas (de 15 a 20
minutos). Sirva inmediatamente.

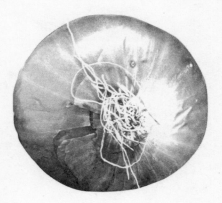

Mazorcas con
leche

3 tazas de agua
1 taza de granos de mazorca
1/2 taza de leche entera
Sal

Ponga a calentar el agua y cuando esté hirviendo a borbotones, vierta los granos de mazorca. Al cabo de 7 minutos, retire la olla del fuego y escurra los granos. Ponga nuevamente la olla a calentar con los granos de mazorca, la leche y la sal. Cuando la leche hierva, retire del fuego y sirva inmediatamente.

Mazorcas
asadas

2 mazorcas tiernas deshojadas
2 cdtas de mantequilla
Sal
Pimienta

Precaliente el horno a 375º F - 190º C.

Disponga cada mazorca sobre un trozo de papel de aluminio y úntelas con la mantequilla. Salpiméntelas, envuélvalas muy bien y áselas por 30 minutos aproximadamente. Sírvalas calientes.

Nidos de
verdura

1 cda. de aceite de oliva

1 zanahoria mediana cortada en bastoncitos delgados

1 calabacín mediano cortado en bastoncitos delgados

1/4 de taza de flores de brócoli en trozos

1 cda. de harina

1/2 de taza de caldo básico

1 cda. de albahaca fresca picada

Sal

Pimienta

2 cdas. de yogur espeso sin dulce

Para cubrir las verduras

4 cdas. de miga de pan

2 cdas. de harina

Sal

1/2 cda. de perejil picado

15 gramos (1 cda.) de queso parmesano rallado

2 cdas. de mantequilla derretida

Precaliente el horno a 350º F - 180º C.

Caliente el aceite y fría las verduras hasta que estén brillantes. Disuelva la harina en el caldo frío y añádalo a las verduras. Deje que la mezcla hierva sin dejar de revolver, reduzca el fuego y espere a que las verduras estén cocidas (unos 12 minutos aproximadamente). Añada la albahaca, la sal, la pimienta y el yogur y ponga todo en un recipiente previamente engrasado levemente.

Para preparar la cubierta de las verduras, mezcle la miga de pan, la harina, la sal, el perejil, el queso parmesano y la mantequilla derretida y vierta esta mezcla de forma pareja sobre las verduras. Hornee durante 20 minutos aproximadamente y sirva.

Verduras de
Andrea

2 cdas. de aceite de oliva

1/2 taza de zanahorias cortadas
en tiras

1/2 pimentón mediano cortado
en tiras

1/2 cebolla en anillos (opcional)

Sal

Pimienta

1 diente de ajo picado (opcional)

1/2 taza de arvejas cocidas

Caliente el aceite a fuego alto en una sartén honda o en un wok e incorpore las verduras, la sal, la pimienta y el diente de ajo. Cocine por 7 minutos o hasta que las verduras estén crujientes, revolviendo constantemente. Agregue las arvejas para que se calienten y sirva inmediatamente.

Tomates de
la casa

2 tomates grandes levemente maduros

1 taza de agua

1/4 de taza de zanahoria cortada en cuadritos

1/4 de taza de arvejas

2 cdas. de granos de mazorca

1 huevo duro cortado en cuadritos

Sal

Pimienta

Precaliente el horno a 350º F - 180º C.

Corte la parte superior de los tomates y resérvela. Retire su pulpa, pásela por un colador para separar las semillas y píquela (reserve también los tomates huecos para rellenarlos más tarde).

Ponga a hervir el agua y agregue la zanahoria y las arvejas y unos minutos después los granos de mazorca. Hierva por 5 minutos más, retire del fuego y deje enfriar un poco las verduras escurridas. Luego, mézclelas con el huevo, la sal, la pimienta y la pulpa de los tomates. Rellene los tomates con esta mezcla y tápelos con las partes que había reservado.

Hornee los tomates 20 minutos aproximadamente o hasta que estén medianamente blandos (no demasiado, porque podrían desbaratarse al servirlos) y sirva inmediatamente.

Tomates con
hierbabuena

1/2 cda. de vinagre

2 cdas. de aceite de oliva

Sal

Pimienta

1 pizca de azúcar

2 cdtas. de hierbabuena picada

6 tomates cherry cortados en mitades

Ponga todos los ingredientes con excepción de los tomates en un frasco, tápelo y agítelo muy bien. Bañe los tomates con este aderezo y refrigere por al menos 1 hora para que los sabores se asienten. Sirva a temperatura ambiente.

Tomates
fritos

1 tomate grande no muy
maduro pelado y cortado
en rodajas gruesas

1/2 taza de galletas de
soda trituradas

Sal

Pimienta

4 cdas. de mantequilla

1 chorrito de aceite de girasol

Pase las rodajas de tomate por la miga de galleta por ambos lados y salpiméntelas. Caliente la mantequilla y el aceite y fríalas durante 4 minutos aproximadamente por cada lado. Páselas por papel de cocina para retirar el exceso de grasa y sírvalas inmediatamente.

Zanahorias
gláseadas

3 cdas. de mantequilla

1 taza de agua

5 cdas. de azúcar morena

1 cdta. de jugo de limón

4 zanahorias delgadas peladas y cortadas en láminas finas

1 cdta. de vinagre

1 pizca de canela en polvo

En una olla derrita la mantequilla y añada el agua, el azúcar, el jugo de limón y las zanahorias. Tápela y permita que la mezcla hierva a fuego lento unos 20 minutos. Retire la tapa, suba el fuego al máximo y sin dejar de revolver espere a que todo el líquido se haya evaporado (unos 5 minutos aproximadamente después de haber destapado la olla). Entonces agregue el vinagre y la canela en polvo. Baje la llama sin dejar de revolver hasta que todo el azúcar haya derretido y las zanahorias estén completamente glaseadas. Sirva inmediatamente.

Zanahorias
crujientes

2 zanahorias grandes cortadas en rodajas finas

2 cebollas cabezonas pequeñas en encurtido

1 cda. de aceite de oliva

Sal

Pimienta

Perejil picado

Caliente el aceite en una sartén y saltee a fuego alto las zanahorias y las cebollas. Añada sal y pimienta, baje el fuego y cocine unos 7 minutos más. Sírvalas espolvoreadas con perejil.

Lo que los niños sí comen

Apio en
mantequilla

3 cdas. de mantequilla

1 cdta. de aceite de oliva

1 diente de ajo machacado

2 tallos grandes de apio desvenados y cortados en trozos delgados al sesgo

2 tajadas de jamón cortado en cuadritos

Sal

Pimienta

Unas gotas de jugo de limón

1 cda. de maní picado

Caliente la mantequilla y el aceite en una sartén a fuego bajo y agregue el diente de ajo y el apio. Fría el apio hasta que esté crujiente, añada el jamón, la sal y la pimienta y revuelva bien. Rosee con las gotas de jugo de limón y sirva inmediatamente coronado con el maní picado.

Apio con
nueces

*2 tallos grandes de apio
desvenados y cortados en trozos
delgados al sesgo*

1 taza de jugo de naranja

*1/4 de cdta. de cáscara de
naranja rallada*

*1/2 naranja pelada y cortada
en cascos*

1 cda. de uvas pasas

1 cda. de nueces picadas

Sal

Pimienta

Ponga el apio en una olla mediana
con el resto de los ingredientes,
tápela y déjela sobre el fuego de 15
a 20 minutos, revolviendo de vez en
cuando. Si llegara a secarse demasiado, agregue un poco más de
jugo de naranja. Sirva caliente.

Huevos

Hay pocos alimentos tan versátiles y alimenticios como el huevo. A finales del siglo XVIII, el poeta irlandés Thomas Moore dijo que, aparte de los defectos y los vicios de los franceses, era inevitable "querer a una tierra que nos ha enseñado seiscientas ocho maneras de preparar huevos". Un huevo tiene sólo un 11% de grasa —concentrada casi en su totalidad en la yema— y es una excelente fuente de hierro, fósforo, zinc, selenio, vitaminas A, D y E y proteínas. Dos huevos proporcionan 1/4 de las necesidades proteicas diarias totales, lo cual lo convierte en una excelente opción para los niños. Además, la lecitina que se encuentra en la yema es una de las sustancias vitales para muchos procesos metabólicos del organismo: ayuda a prevenir el desarrollo de enfermedades cardíacas, contribuye a que las grasas se conviertan rápidamente en energía y es excelente para la memoria y la concentración.

A los niños les encantan los huevos en diversas presentaciones. Por eso ofrezco deliciosas recetas para *omelettes*, *sufflés*, huevos rellenos, huevos envueltos y distintos rellenos para crepes.

Huevos
envueltos

2 huevos duros

200 gramos (1 taza escasa) de
carne de res o de ternera
recién molida

Sal

Pimienta

Aceite vegetal para freír

Para rebozar

1 huevo batido

1/4 de taza de miga de pan

1 cdta. de orégano seco

Sal

Amase la carne, divídala en dos y
salpimiéntela. Sobre una tabla
enharinada forme con ella dos
cuadrados y envuelva un huevo con
cada cuadrado cuidando de que
queden muy bien cubiertos. –

Pase los huevos envueltos por el
huevo batido y después por la miga
de pan previamente mezclada con
el orégano. Agrégueles una pizca de
sal y fríalos de 8 a 10 minutos
volteándolos constantemente. Pase
por un papel de cocina para retirar
el exceso de grasa y sirva inmediatamente.

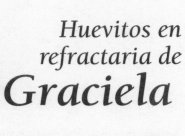

Huevitos en refractaria de Graciela

2 huevos

2 cdas. de tomates cocidos
(ver p. 191) (opcional)

Sal

Pimienta

Engrase dos moldes refractarios bien pequeños (de 1/2 taza de capacidad). Casque un huevo en cada uno de ellos, salpimiéntelos y lleve los moldes al horno de 15 a 20 minutos, dependiendo de qué tan dura desee la yema (si quiere puede cubrir cada huevo con 1 cucharada de los tomates cocidos antes de hornearlos). Sirva caliente.

Huevos
Margoth

2 huevos duros cortados por la mitad

2 cdas. de leche o de crema (o de una mezcla de ambas)

1/4 de cdta. de mostaza

Sal

Pimienta

1 cda. de perejil picado

Retire con cuidado las yemas de los huevos, tritúrelas con ayuda de un tenedor y mézclelas con la leche y/o la crema, la mostaza, la sal y la pimienta hasta formar una pasta homogénea. Rellene las claras de los huevos con esta mezcla y corone cada huevo con perejil picado. Sirva a temperatura ambiente.

Huevos
cremosos

2 huevos duros cortados en cuadritos

1 taza de salsa blanca mediana (ver p. 189)

30 gramos (2 cdas.) de queso cremoso

2 aceitunas sin semilla y picadas (opcional)

Sal

Pimienta

Perejil crespo picado

Uno de estos ingredientes para salsear con la mezcla de huevo:

2 tostadas

1 taza de arroz cocido

1 taza de pasta corta cocida

2 arepas pequeñas asadas

Combine los huevos y agregue el queso, las aceitunas, la sal y la pimienta mezclando suavemente. Sirva 2 porciones de esta mezcla sobre las tostadas, el arroz, la pasta o las arepas y corone con el perejil.

Huevos en
nido

3 papas medianas peladas
1 cda. de mantequilla derretida
1 cda. de leche caliente
2 huevos
Sal
Pimienta

Precaliente el horno a 350º F - 180º C.

Hierva las papas hasta que estén blandas. Hágalas puré mientras

estén todavía calientes, mezclándolas con la mantequilla y la leche a medida que trabaja, y si es necesario, agregue más leche para que el puré quede bien suave.

En una refractaria pequeña previamente engrasada, ponga una capa gruesa de puré y con el dorso de una cuchara grande forme dos orificios en los que pueda caber un huevo. Casque los huevos con cuidado en los orificios, salpimiente y hornee la preparación hasta que cuajen las claras y las yemas estén en el punto que desee. Sirva caliente.

Huevos
ahogados

2 cdas. de aceite vegetal

2 tomates medianos maduros pelados, sin semillas y picados

1/2 cebolla cabezona blanca mediana picada

1 diente de ajo picado

2 tazas de agua

3 cdas. de arroz

Sal

2 huevos

30 gramos (2 cdas.) de queso graso rallado

1 cda. de cilantro picado

Fría en el aceite los tomates, la cebolla y el ajo hasta que la cebolla esté cristalina. Añada el agua, el arroz y un poco de sal, y hierva a fuego alto durante unos 20 minutos o hasta que el arroz esté tierno. Baje el fuego y vierta los huevos con mucho cuidado para que no se rompan la yemas (o cásquelos en un plato y deslícelos suavemente sobre la preparación), y espere unos minutos hasta que las claras cuajen.

Prepare dos platos; ponga en el fondo de cada uno 1 cucharada de queso y uno de los huevos y vierta encima el caldo de arroz y tomates. Corone con el cilantro y sirva inmediatamente.

Huevos con papas fritas y *atún*

2 papas peladas y cortadas en cuadritos

Aceite de girasol para freír

1/4 de cebolla cabezona blanca mediana picada

1 diente de ajo picado

1 tomate bien maduro pelado, sin semillas y picado

1/2 pimentón rojo picado (opcional)

1 lata de atún en agua

Sal

Pimienta

3 huevos

Arepas o pan para acompañar

Fría las papas en el aceite hasta que tomen un color dorado pálido, páselas por un papel de cocina para retirar el exceso de grasa y resérvelas.

Aparte, fría la cebolla y el ajo hasta que la cebolla esté cristalina y añada el tomate y el pimentón. Un momento después, agregue el atún previamente escurrido y las papas. Revuelva a fuego medio hasta que todos los ingredientes estén bien mezclados y salpimiente. Bata un poco los huevos y viértalos sobre esta mezcla, levantando constantemente la preparación con la ayuda de un tenedor hasta que los huevos cuajen. Sirva acompañado de las arepas o el pan.

Sufflé
París

3 cdas. de mantequilla

3 cdas. de harina de trigo

1/2 taza + 2 cdas. de leche fría

Sal

Pimienta

4 yemas batidas

4 claras batidas a punto de nieve

115 gramos (1/2 taza) de queso graso rallado

Receta para 4 porciones

Precaliente el horno a 350º F - 180º C.

En una cacerola de fondo pesado derrita la mantequilla y añada la

harina sin dejar de revolver hasta formar una pasta lisa. Agregue la leche hasta obtener una especie de salsa blanca gruesa (ver p. 189) y salpimiente. Añada las yemas batidas en forma de hilo y el queso rallado. Finalmente, incorpore las claras batidas a punto de nieve mezclando suavemente con movimientos envolventes. Ponga el *sufflé* en un molde previamente engrasado y hornee durante 25 minutos aproximadamente. Sirva inmediatamente.

Omelettes

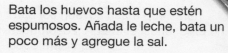

4 huevos grandes
2 cdas. de leche
Sal
1 cda. de aceite de girasol

Bata los huevos hasta que estén espumosos. Añada le leche, bata un poco más y agregue la sal.

Ponga a calentar la mitad del aceite en una sartén mediana y vierta en ella la mitad de la mezcla anterior, levantándola con una espátula mientras inclina la sartén para que las partes crudas se cocinen. La *omelette* estará lista cuando la parte de arriba burbujee pero no esté demasiado líquida. En este punto, disponga el relleno (ver página 136) sobre la mitad de la *omelette*, doble sobre él la otra mitad y espere unos segundos antes de retirarla de la sartén. Repita el procedimiento con la parte restante de la mezcla y sirva inmediatamente.

Rellenos para omelettes

- *Champiñones con queso*
- *Queso con tomates*
- *Queso con hierbas*
- *Espinacas con salsa blanca (ver p. 189)*
- *Tomates secos con nueces*
- *Jamón con queso*
- *Salchichas*
- *Atún con mayonesa (ver p. 193)*
- *Pollo deshilachado con salsa blanca*
- *Granos de mazorca en leche*
- *Verduras mixtas con queso*
- *Camarones*
- *Carne deshilachada en salsa de tomate (ver p. 190)*
- *Bocadillo y queso*
- *Dulce de moras o de fresas*

Omelettes
provenzales

1/2 cebolla cabezona blanca picada finamente

1 diente de ajo

2 cdas. de aceite de oliva

4 tomates maduros pelados, sin semillas y cortados en trozos irregulares

1 hoja de laurel

3 cdas. de albahaca fresca picada

Sal

Pimienta

4 huevos grandes

2 cdas. de leche

Sal

1 cda. de aceite vegetal

Caliente el aceite de oliva en una sartén y fría la cebolla y el ajo hasta que comiencen a dorar. Añada los tomates, la hoja de laurel, la albahaca, la sal y la pimienta. Permita que la mezcla hierva a fuego lento hasta que empiece a espesar (unos 15 a 20 minutos aproximadamente), revolviendo de vez en cuando.

Prepare dos *omelettes* siguiendo los pasos de la receta anterior y rellénelas con esta mezcla. Sirva inmediatamente.

Tomates rellenos de
huevos

2 tomates grandes maduros pero firmes

5 tajadas de jamón picado finamente

Sal

Pimienta

2 huevos

Precaliente el horno a 375º F - 190º C.

Corte la parte superior de los tomates, sáqueles la pulpa y pásela por un colador para separar las semillas. Mézclala con el jamón, añada sal y pimienta al gusto y rellene cada tomate presionando bien hacia el fondo. Casque un huevo sobre cada tomate teniendo cuidado de no romper las yemas y hornee durante 15 minutos o hasta que las claras cuajen y las yemas estén en el punto que desee. Sirva caliente.

Huevos
misteriosos

2 huevos duros cortados
por la mitad

1/4 de taza de atún

1 cdta. de mostaza

1 cda. de yogur espeso sin dulce

1 cda. de alcaparras picadas
(opcional)

Sal

Pimienta

2 ramitas de perejil crespo

Retire las yemas de los huevos teniendo cuidado de no estropear la
claras. Tritúrelas con ayuda de un
tenedor y mézclelas con el atún
previamente escurrido, la mostaza,
el yogur, las alcaparras, la sal y la
pimienta hasta lograr una pasta
homogénea. Rellene con esta pasta
los huevos dejándolos rebosantes y
corónelos con una ramita de perejil.
Sirva a temperatura ambiente.

Huevos a la
naranja

4 naranjas medianas muy dulces
3 huevos

Exprima el jugo de dos de las naranjas y corte las otras dos en rodajas. Bata los huevos hasta que estén espumosos y mézclelos con la mitad de este jugo. Caliente la mitad restante en una sartén a fuego muy bajo y vierta la mezcla de jugo de naranja y huevo sobre el jugo caliente. Sin dejar de mover la sartén espere a que los huevos cuajen. Sírvalos en 2 platos acompañados de las naranjas en rodajas.

Taleguitos con
sorpresas

Masa básica para crepes

4 huevos

1/2 cdta. de sal

2 tazas de harina

2 1/4 tazas de leche

*1/4 de taza de
mantequilla derretida*

Sal al gusto

Aceite de girasol para freír

Relleno

1 taza de arroz cocido

4 cdas. de maní triturado

2 cdas. de uvas pasas picadas

1 cda. de mantequilla derretida

*3 trozos de cebolla larga (la parte
verde) o cebollín para
amarrar los taleguitos*

Receta para 4 porciones

Ponga los tallos de cebolla o el cebollín en agua caliente durante 1 minuto. Sáquelos y córtelos a lo largo para hacer tiras.

Para preparar las crepes, ponga todos los ingredientes en la licuadora y licue a alta velocidad durante 5 minutos o hasta que la masa quede sin grumos. Lleve la mezcla al refrigerador durante 1 hora. Caliente una sartén mediana y esparza un poco de aceite en toda la superficie con ayuda de una brocha. Ponga 2 cucharadas de la mezcla en la sartén e inclínela hacia uno y otro lado para que se distribuya uniformemente. Espere unos 30 segundos, voltee la crepe cuidadosamente con la ayuda de una pala y deje sobre el fuego unos 30 segundos más. Retire la crepe y repita el procedimiento hasta que la masa se haya terminado, agregando más aceite a la sartén si fuese necesario. Vaya poniendo las crepes entre dos platos a medida que las elabora para mantenerlas calientes.

Para preparar el relleno, mezcle el arroz cocido con el maní, las uvas pasas y la mantequilla derretida. Ponga 1 cucharada de esta mezcla en cada crepe y forme los taleguitos amarrándolos con las tiras de cebolla o cebollín. Sirva inmediatamente.

Otros rellenos para crepes

- *Queso mozzarella con tomates y albahaca*
- *Jamón con salsa blanca (ver p. 189)*
- *Sardinas con salsa de tomate (ver p. 190)*
- *Espárragos con mayonesa casera (ver p. 193)*
- *Trucha con salsa tártara*
- *Arequipe*
- *Mermeladas de fresa, naranja ó mora, entre otras*

Puede utilizar estos mismos rellenos para las omelettes. A la hora de pensar en un menú para los niños, tenga en cuenta que tanto las crepes como las omelettes son platos deliciosos, muy nutritivos y fáciles de hacer.

Papas

Ciertamente, la papa es uno de los mejores regalos que le ha dado el continente americano al resto del mundo. Sin embargo, a pesar de todas sus cualidades, sólo hasta ahora el mundo se ha convencido de que la papa no sólo representa calorías. Tiene las mismas calorías que una manzana mediana y en ella abundan las vitaminas B y C, el potasio, el calcio, el magnesio, el hierro y el fósforo. No son pocas las razones para incluir este alimento en las comidas de sus hijos.

Para obtener una buena preparación, elija siempre papas que no tengan raíces ní una cáscara verdosa porque éstas tienden a ser amargas. Tampoco utilice las papas que tengan una película negra debajo de su cáscara. Para conservar al máximo sus vitaminas y minerales, procure cocinarlas con cáscara, dejarlas enfriar y después sí pelarlas si la receta lo requiere.

Puré de
papas

*3 papas sabaneras medianas
(papas blancas)*

2 papas criollas (papas amarillas)

1/4 de taza de leche caliente

2 cdas. de mantequilla derretida

Sal

Una pizca de pimienta

1 ramita de perejil crespo

Cocine las papas con cáscara en agua hirviendo, teniendo en cuenta que el tiempo de cocción de las papas criollas es menor que el de las blancas. Una vez cocidas, déjelas enfriar, pélelas y páselas a una olla. Tritúrelas con ayuda de un tenedor teniendo cuidado de no dejar ningún grumo, y vaya añadiendo la leche a medida que trabaja (la cantidad de leche deberá ser suficiente para que el puré quede suave). Después, agregue la mantequilla, la sal y la pizca de pimienta y bata con fuerza para darle al puré una consistencia esponjosa. Caliente a fuego bajo o al baño de maría sin dejar de revolver y sirva inmediatamente coronando con la ramita de perejil.

Papas
cremosas

2 papas medianas cocidas y
cortadas en tajadas gruesas

1/4 taza de salsa blanca mediana
(ver p. 189)

1 cdta. de perejil crespo picado

Añada a las papas la salsa blanca y
llévelas al fuego en una sartén.
Cuando estén calientes retírelas del
fuego, corónelas con el perejil y
sírvalas inmediatamente.

Papas al horno con

queso

4 cdas. de aceite de oliva

4 papas peladas y cortadas en rodajas finas

1 manzana pelada y cortada en rodajas finas

1/3 de taza de caldo vegetal

Sal

Pimienta

60 gramos (1/4 de taza) de queso graso rallado (por el lado grueso del rallo)

Precaliente el horno a 350° F - 180° C.

Fría las papas en el aceite de 7 a 10 minutos y una vez listas páselas por papel de cocina para retirar el exceso de grasa. Engrase un molde refractario y disponga en él las papas intercaladas con las tajadas de manzana. Vierta encima el caldo, añada sal y pimienta al gusto y espolvoree uniformemente el queso rallado. Hornee durante 15 minutos aproximadamente y sirva inmediatamente.

Papas
saladas

4 papas sabaneras medianas
(papas blancas)

4 tazas de agua

1 cda. de sal

Ponga a hervir las papas con cáscara en el agua y agregue un poco de sal. Cuando estén blandas retire el agua de la olla y añada la cucharada de sal. Ponga la olla a fuego medio tapada y agítela hasta que las papas queden cubiertas por una fina película de sal. Sírvalas calientes o a temperatura ambiente.

Cazuela de
papa

3 papas grandes
1/2 taza de requesón
1/4 de taza de leche
2 cdas. de albahaca fresca picada
Sal
Pimienta

Cueza las papas en agua y una vez listas y frías pélelas y córtelas en tajadas de mediano grosor.

Mezcle el requesón con la leche. Engrase una olla pequeña con tapa que pueda llevar a la mesa, ponga en ella una capa de papa, una de la mezcla del requesón con la leche y espolvoree con la albahaca, la sal y pimienta. Tape la olla, déjela 15 minutos sobre el fuego y sirva.

Croquetas de
papa

3 papas grandes
1 cda. de mantequilla derretida
1 cda. de leche caliente
Sal
Pimienta
1 cda. de miga de pan
15 gramos (1 cda.) de queso
parmesano rallado
Aceite de oliva para freír

Cueza las papas en agua. Una vez listas y todavía calientes, pélelas y tritúrelas con un ayuda de un tenedor hasta volverlas puré, añadiendo la mantequilla derretida y la leche a medida que trabaja. Agregue la sal, la pimienta, la miga de pan y el queso parmesano y mezcle bien hasta obtener una pasta homogénea. Forme cada croqueta con 2 cucharadas de la mezcla, asegurándose de compactar bien la masa pasándola de una mano a la otra hasta que quede uniforme.

Caliente el aceite de oliva y fría las croquetas hasta que queden bien doradas. Una vez listas páselas por papel de cocina para retirar el exceso de grasa y sírvalas.

Croquetas de papas y
arvejas

3 papas grandes
1 cda. de mantequilla
1 cda. de leche caliente
Sal
Pimienta
1 cda. de miga de pan
1 cda. de arvejas cocidas
Aceite de oliva para freír

Cueza las papas en agua. Una vez listas y todavía calientes, pélelas y tritúrelas con ayuda de un tenedor hasta volverlas puré, añadiendo la mantequilla derretida y la leche caliente a medida que trabaja. Agregue la sal, la pimienta, la miga de pan y las arvejas y mezcle bien hasta obtener una pasta homogénea. Forme cada croqueta con 2 cucharadas de la mezcla, asegurándose de compactar bien la masa pasándola de una mano a la otra hasta que quede uniforme.

Caliente el aceite de oliva y fría las croquetas hasta que queden bien doradas. Una vez listas páselas por papel de cocina para retirar el exceso de grasa y sírvalas.

Papas
rellenas

2 papas grandes
1 cdta. de mantequilla derretida
1 cda. de leche
30 gramos (2 cdas.) de queso graso rallado
Sal
Pimienta
1 clara de huevo

Otros rellenos para estas papas

Jamón y queso
Jamón, queso y verduras
Salchichas y queso
Pollo cocido y deshilachado
Atún, verduras y queso
Sardinas y queso
Carne deshilachada en salsa de tomate (ver p. 190)
Huevos duros, queso y salsa blanca (ver p. 189)

Precaliente el horno a 375° F - 190° C.

Lave bien las papas y póngalas en el horno. Al cabo de una hora pínchelas con un tenedor; si están blandas ya están listas. Entonces sáquelas del horno y déjelas enfriar. Una vez frías, hágales un orificio de 2 x 2 cm y reserve la parte superior de las papas para taparlas cuando se hayan rellenado.

Mezcle la masa que sacó al hacer los orificios con la mantequilla, la leche, el queso, la sal y la pimienta hasta formar una pasta homogénea. Luego, bata la clara de huevo a punto de nieve e incorpórela suavemente a esta mezcla. Con mucho cuidado, rellene generosamente cada papa presionando la mezcla hacia el fondo y tápelas con las partes que había reservado para este fin.

Hornéelas durante 20 minutos aproximadamente. El relleno deberá esponjarse para lograr una textura exquisita. Sírvalas calientes.

Arroces y granos

*E*l arroz es de los cereales más populares y tal vez el más versátil. Siempre tenga en cuenta que el arroz integral es mucho más nutritivo que el blanco. Ayuda a estabilizar los niveles de azúcar en la sangre y aporta una gran cantidad de energía. Lamentablemente, las personas suelen preferir el arroz blanco despojado de toda su fibra y del 60% de sus minerales. Acostumbre a sus hijos a consumir arroz integral, es delicioso y tiene un ligero sabor a almendras que ellos encontrarán muy apetitoso. Para prepararlo utilice 3 tazas de agua por 1 de arroz y tenga en cuenta que el tiempo de cocción de este tipo de arroz es un poco más largo que el del blanco.

Los granos son otro de los tesoros de la naturaleza: variados, nutritivos, con un mínimo de grasa y libres de colesterol. Además ayudan a regular el azúcar en la sangre y a controlar el colesterol, y poseen un alto contenido de vitaminas, proteínas, fibras y minerales. Tenga en cuenta que deben lavarse muy bien antes de cocerse. Deben ser despojados de las impurezas que puedan tener y remojarse toda la noche en agua manteniéndose en un lugar fresco para evitar que se fermenten.

Sin duda alguna, todas las recetas siguientes serán del gusto de los niños. No podía faltar el arroz con pollo, que es uno de sus platos preferidos. El sabor levemente dulce del "Puré de lentejas" los dejará particularmente encantados.

Arroz con verduras y
salchichas

1 cda. de aceite de girasol o de oliva

1/4 de cebolla cabezona blanca mediana picada finamente

1 diente de ajo picado

2 tomates medianos muy maduros pelados, sin semillas y picados

1 pimentón picado

3/4 de taza de zanahorias picadas

3/4 de taza de habichuelas picadas

1 salchicha en rodajas delgadas

Sal

Pimienta

1 taza de arroz integral

2 1/2 tazas de agua

1/2 taza de arvejas

Receta para 4 porciones

En una olla mediana, caliente el aceite y sofría la cebolla hasta que esté cristalina. Añada el diente de ajo, los tomates, el pimentón, las zanahorias, las habichuelas y la salchicha, y salpimiente. Revuelva hasta que todos los ingredientes queden bien mezclados y añada el arroz, el agua y las arvejas. Cuando el arroz seque, tápelo y déjelo a fuego bajo hasta que esté esponjoso. Sirva caliente.

Arroz con plátano
maduro

*Aceite de girasol para freír + 1
cucharada adicional*

*1 plátano hartón grande, bien
maduro, pelado y cortado en dados*

1 taza de arroz integral

2 tazas de agua

Una pizca de sal

Receta para 4 porciones

Fría los dados de plátano en el aceite hasta que estén bien dorados, páselos por papel de cocina para retirar el exceso de grasa y resérvelos.

Caliente en una olla mediana la cucharada de aceite y agregue el arroz y el agua. Añada el plátano y la sal y revuelva suavemente con un tenedor. Cuando el arroz seque, tápelo y déjelo a fuego bajo hasta que esté esponjoso. Sirva caliente.

Arroz con
queso

1 cda. de aceite de girasol o de oliva

1 taza de arroz integral

3 tazas de agua

Sal

1 ramito de tomillo

115 gramos (1/2 taza) de queso graso rallado

Receta para 4 porciones

Caliente el aceite y agregue el arroz, el agua, la sal y el tomillo y revuelva bien. Cuando el arroz seque, espolvoree el queso rallado y revuelva suavemente con un tenedor. Entonces tápelo y déjelo a fuego bajo hasta que esté esponjoso. Sirva caliente.

Arroz con
pollo

2 tomates pelados, sin semillas y cortados en trozos irregulares

1/4 de taza de cebolla cabezona picada finamente

3 tazas de agua

1 pechuga de pollo cocida y deshilachada

1/4 de taza de arvejas

1/4 de taza de zanahoria picada

1/4 de taza de habichuelas picadas

1/4 de taza de pimentón rojo picado

1 cda. de alcaparras picadas (opcional)

1 cda. de aceitunas sin semilla y picadas (opcional)

1 cda. de aceite de girasol o de oliva

1 tallo de cebolla larga de unos 3 cm

1 taza de arroz integral

Sal al gusto

Receta para 4 porciones

Licue los tomates y la cebolla cabezona en las 3 tazas de agua y agregue a esta mezcla el pollo, las arvejas, la zanahoria, las habichuelas, el pimentón, las alcaparras y las aceitunas. En una olla grande, caliente el aceite y añada el trozo de cebolla larga, el arroz, la sal y la mezcla de las verduras y el pollo. Combine todo muy bien con un tenedor y agregue más agua si fuese necesario. Cuando el arroz haya secado, tápelo y déjelo a fuego bajo hasta que esté esponjoso. Sirva caliente.

Éste es un plato muy sabroso y completo, pues contiene cereal, proteína y verduras. Si hay alguna verdura que no le guste a su hijo, simplemente omítala o cámbiela por otra de su preferencia.

Puré de
lentejas

1/2 taza de lentejas

1 trozo de cebolla larga de unos 4 cm (la parte blanca)

1 plátano hartón bien maduro cocido y picado

Sal

Remoje las lentejas y cuézalas en agua con sal junto con el trozo de cebolla hasta que estén tiernas y el caldo haya espesado.

Aparte cocine el plátano, déjelo enfriar y píquelo. Retíreles la cebolla a las lentejas y lícuelas o procéselas junto con el plátano hasta formar un puré, añadiendo una pizca de sal. Caliéntelo al baño de maría y sírvalo inmediatamente.

Lentejas
españolas

4 cdas. de aceite de oliva

1/2 cebolla cabezona blanca mediana picada finamente

1 diente de ajo picado

1/2 taza de lentejas

Sal

Pimienta

1 3/4 tazas de agua

Lave las lentejas. En una olla mediana, fría la cebolla en el aceite de oliva hasta que esté cristalina. Agregue el ajo, las lentejas, la sal y la pimienta y permita que las lentejas absorban el aceite. Vierta encima el agua y deje hervir a fuego lento durante 1 hora aproximadamente. Sirva caliente.

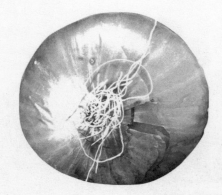

Lo que los niños sí comen

Fríjoles
refritos

2 cdas. de aceite vegetal

1 taza de fríjoles rojos cocidos

4 cdas. de caldo básico

115 gramos (1/2 taza) de queso graso rallado

6 tortillas de maíz pequeñas (se consiguen en el comercio)

Lechuga picada (opcional)

Caliente el aceite y añada los fríjoles. Mientras se fríen a fuego medio, vaya triturándolos con una cuchara de madera hasta lograr una especie de puré. Si están muy secos, añada el caldo (puede que necesite más o menos caldo dependiendo de la consistencia de los fríjoles). Cuando se haya formado una especie de tortilla, voltee los fríjoles y déjelos en la sartén unos minutos más. Luego añada el queso rallado y espere a que derrita.

Sirva sobre tortillas de maíz calientes y lechuga como acompañamiento, si lo desea.

Pastas

No hay duda de que la pasta es uno de los alimentos que más gusta y entusiasma a los niños a la hora de comer. Además, como se le puede añadir todo tipo de salsas —desde aceite de oliva y hierbas hasta salmón y caviar—, es sumamente versátil y adaptable a todos los gustos.

Procure acostumbrar a sus hijos a comer pasta integral, rica en fibra, vitaminas del grupo B, hierro, calcio y vitamina E. Las pastas que están elaboradas con harina blanca no tienen un valor nutritivo tan alto como las que están elaboradas con harina integral.

La cantidad de pasta que deba utilizar dependerá del apetito de los niños. Sin embargo, un promedio de 50 a 75 gramos para servir como plato único será suficiente. Para prepararla, utilice agua hirviendo con un poco de sal (no es necesario agregarle aceite). Siempre tenga en cuenta que no hay nada más desagradable que una pasta que ha sido cocinada en exceso. La mejor forma de asegurarse de que está en su punto es probándola: cuando esté levemente dura al morderla y tenga todavía un ligero punto blanco en el centro, estará "al dente", lista para comer inmediatamente.

Espaguetis con
ajonjolí

150 gramos de espaguetis
1/4 de taza de ajonjolí tostado
3 cdas. de mantequilla
Sal
Pimienta
Queso parmesano rallado (opcional)

Hierva la pasta en abundante agua salada hasta que esté "al dente" y escúrrala. Añada el ajonjolí tostado, la mantequilla, la sal y la pimienta y revuelva bien para que la mantequilla derrita. Sirva inmediatamente y pase el queso parmesano para que cada cual se sirva a su gusto.

 El ajonjolí mezclado con las pastas hará las delicias de los niños, pues no sólo es atractivo para ellos sino que es un excelente alimento: fuente de proteínas, calcio, zinc, hierro y potasio.

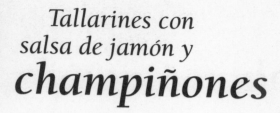

Tallarines con salsa de jamón y
champiñones

1/4 de taza de mantequilla

1/2 cebolla cabezona blanca pequeña picada finamente

1 diente de ajo picado

1 taza de champiñones frescos picados finamente

5 tajadas de jamón cortado en cuadritos

Sal

Pimienta

150 gramos de tallarines

Queso parmesano rallado (opcional)

Sofría la cebolla y el ajo en la mantequilla. Añada los champiñones y el jamón, salpimiente y mantenga la salsa a fuego bajo durante unos 7 minutos. Hierva los tallarines en abundante en agua salada hasta que estén "al dente", escúrralos y mézclelos con la salsa. Sirva inmediatamente y pase el queso parmesano a la mesa para que cada cual se sirva a su gusto.

Tornillos con salsá de

tomate

3 tomates bien maduros pelados, sin semillas y picados

7 hojas de albahaca picadas

1 diente de ajo

Sal

Pimienta

150 gramos de tornillos

Queso parmesano rallado (opcional)

Licue los tomates con las hojas de albahaca, el diente de ajo, la sal y la pimienta hasta obtener una salsa espesa y homogénea, agregando un poco de agua si fuese necesario. Cocine la pasta en abundante agua salada hasta que esté "al dente". Escúrrala y mézclela rápidamente con la salsa. Sirva inmediatamente y pase el queso parmesano a la mesa para que cada cual se sirva a su gusto.

Tallarines con salsa
boloñesa

Salsa boloñesa

2 cdas. de mantequilla

1/2 cebolla cabezona mediana
picada finamente

1 zanahoria mediana rallada
(por el lado grueso del rallo)

1 tallo de apio picado finamente

100 gramos (1/2 taza) de carne de
ternera recién molida

Sal

Pimienta

1/4 de taza de caldo básico

1 taza de tomates cocidos
(ver p. 191)

1 ramita de tomillo

1 hoja de laurel

Caldo adicional (en la cantidad que
se requiera)

150 gramos de tagliatelle o
de tallarines

Queso parmesano rallado (opcional)

Fría en la mantequilla la cebolla, la zanahoria y el apio hasta que estén brillantes. Agregue la carne, salpimiente y sofría a fuego bajo hasta que la carne pierda completamente su color rosado. Suba el fuego, agregue el caldo, los tomates y las hierbas y continúe sofriendo hasta que el caldo se haya evaporado. Baje la llama nuevamente y sofría lentamente durante 15 minutos más, agregando más caldo si fuese necesario.

Mientras tanto, cocine la pasta en abundante agua salada hasta que esté "al dente". Escúrrala, retire la ramita de tomillo y la hoja de laurel de la salsa y mézclela con la pasta. Sirva inmediatamente y pase el queso parmesano a la mesa para que cada cual se sirva a su gusto.

Espaguetis con salsa de queso mozzarella
y tomate

3 tomates bien maduros, pelados,
sin semillas y picados

3 cdas. de aceite de oliva

6 hojas de albahaca picada

Sal

Una pizca de pimienta

115 gramos (1/2 taza) de queso
mozzarella en cubitos

30 gramos (2 cdas.) de queso
parmesano rallado

150 gramos de espaguetis

Queso parmesano rallado (opcional)

Unas 3 horas antes de pasar a la mesa añada a los tomates el aceite de oliva, la albahaca, la sal y la pimienta y déjelos marinando.

Ponga los cubitos de queso mozzarella en un recipiente grande. Cocine la pasta en abundante agua salada hasta que esté "al dente", escúrrala y viértala sobre los cubitos de queso revolviendo muy bien para que estos queden bien repartidos y se comiencen a derretir. Agregue los tomates marinados, el queso parmesano y sirva inmediatamente.

Pasta con pollo y
tocineta

4 tiras de tocineta

2 dientes de ajo picado

1 pechuga deshuesada y cortada en trozos

4 tomates muy maduros pelados, sin semillas y picados

1/2 taza de caldo

1/4 de cdta. de orégano seco

5 hojas de albahaca fresca picadas

Sal

Pimienta

150 gramos de pasta corta

Queso parmesano rallado (opcional)

Ponga sobre el fuego una sartén de fondo pesado y coloque allí las tiras de tocineta. Cuando empiecen a encresparse, retírelas y escúrrales la grasa que soltaron, dejando sólo una cucharada. Añada el ajo y el pollo a la sartén y cocine a fuego alto hasta que el pollo esté dorado por todos lados. Retírelo y resérvelo. En la misma sartén ponga los tomates, el caldo, las hierbas, la sal y la pimienta. Cocine hasta que el líquido se haya evaporado (unos 10 minutos aproximadamente), agregue la tocineta y el pollo y espere unos minutos más.

Cocine la pasta en abundante agua salada hasta que esté "al dente", escúrrala y mézclela con la salsa. Sirva inmediatamente y pase el queso parmesano a la mesa para que cada cual se sirva a su gusto.

Macarrones con
queso

300 gramos de macarrones u otra pasta corta

2 cdas. de mantequilla

115 gramos (1/2 taza) de queso graso rallado

Sal

Pimienta

1 taza de leche

1 huevo batido

3 cdas. de miga de pan

Receta para 4 porciones

Precaliente el horno a 350° F - 180° C.

Cocine la pasta en abundante agua salada hasta que esté "al dente" y escúrrala. Derrita la mantequilla y mézclela con el queso. Añada la sal, la pimienta, la leche y el huevo batido y mezcle todo esto con la pasta. Viértala en un molde pequeño previamente engrasado y cúbrala uniformemente con la miga de pan.

Hornee durante 20 minutos aproximadamente, teniendo cuidado de que la preparación no se seque. Sirva caliente.

Postres

Se dice que el rey inglés Jorge I fue quien puso de moda terminar las comidas con un postre. Hacia finales del siglo XIX ya abundaban en variedad y sabor y en la actualidad la gama que tenemos a disposición es infinita.

No obstante, al igual que las grasas, el azúcar debe ser consumido de forma controlada, particularmente por niños y jóvenes, para asegurar una buena nutrición. En este capítulo encontrará preparaciones distintas, deliciosas y alimenticias que sus niños podrán disfrutar acompañadas de un vaso de leche al llegar del colegio o en cualquier momento del día. En todo caso, es importante que tenga en mente siempre que los hábitos alimenticios se adquieren desde la infancia y que el equilibrio es la clave de una buena alimentación.

Manzanas al
horno

2 manzanas medianas
2 cdas. de mantequilla
2 cdas. de azúcar morena o blanca
Canela en polvo
Helado de vainilla (opcional)

Precaliente el horno a 375° F - 190° C.

Sáqueles el corazón a las manzanas con mucho cuidado y hágales una incisión no muy profunda por todo el centro (esto evitará que la piel se arrugue al hornearlas). En el espacio que quedó al retirar el corazón, ponga en cada manzana 1 cucharada de mantequilla y 1 de azúcar y corone con canela en polvo. Hornee durante 1 hora aproximadamente y sirva caliente acompañado de helado, si lo desea.

Manzanas
crujientes

2 manzanas peladas y cortadas en láminas medianamente gruesas

1/2 taza de azúcar morena o blanca

1/4 de taza de harina de trigo

1/3 de taza de avena

1/2 cdta. de canela en polvo

1/4 de cdta. de nuez moscada

3 cdas. de mantequilla blanda

Crema de leche (opcional)

Precaliente el horno a 350º F - 180º C.

Ponga las manzanas en un molde previamente engrasado. Mezcle con un tenedor el azúcar, la harina de trigo, la avena, la canela, la nuez moscada y la mantequilla. Cubra con esta mezcla las manzanas y hornee durante 30 minutos. Sirva caliente con crema de leche, si lo desea.

Crema de
fresas

1 caja de gelatina de fresas

1 taza de agua caliente

1 taza de fresas despitonadas y cortadas por la mitad

1 taza de helado de vainilla

Receta para 5 porciones

Disuelva la gelatina en el agua caliente y añádale las fresas. Agregue el helado, revuelva bien y refrigere. Sirva frío.

Naranjas con
canela

1 taza de agua

1 astilla de canela

1 clavo de olor

2 cdas. de azúcar morena o blanca

El jugo de 1 limón

2 naranjas grandes (tangelo u ombligonas) peladas y cortadas en rodajas

Hierva la canela, el clavo de olor, el azúcar y el jugo de limón en el agua hasta que la mezcla espese un poco. Déjela enfriar y viértala sobre las rodajas de naranja. Sirva a temperatura ambiente.

Ensalada de
frutas

1/3 de taza de yogur espeso
sin dulce

1 cda. de miel

1 cda. de hierbabuena picada
finamente

1 banano

1 mandarina

1 naranja

1 mango pequeño

1 tajada de piña

4 hojas de hierbabuena

Pele y pique todas las frutas. Mezcle el yogur con la miel y la hierbabuena y revuelva muy bien. Añada esta mezcla a las frutas picadas y refrigere durante un mínimo de 1 hora. Sirva la ensalada adornada con las hojas de hierbabuena.

 Para lograr una buena ensalada, asegúrese siempre de escoger frutas bien dulces y muy frescas.

Pinchos de
frutas

1 manzana

1 banano

El jugo de 1/2 limón

6 fresas

6 cerezas marrasquino

200 gramos de queso blanco cortado en 8 cuadritos

2 pinchos de madera

8 hojas de albahaca (opcional)

Corte la manzana y el banano en trozos del mismo tamaño que el queso, y báñelos con el jugo de limón para evitar que se negreen. Arme los pinchos intercalando todas las frutas, los trozos de queso y, si lo desea, las hojas de albahaca. Sirva a temperatura ambiente.

Canastas de
merengue

2 claras de huevo

2/3 de taza de azúcar blanca

Relleno

1 taza de fresas despitonadas y cortadas por la mitad

2 cdas. de azúcar en polvo

1 pizca de canela en polvo

Precaliente el horno a 250° F - 135° C.

Bata las claras a punto de nieve y añada el azúcar por cucharadas sin dejar de batir, hasta que la mezcla brille y forme picos. Haga 2 canastas cuya base sea de 11 cm de diámetro, ayudándose de una cuchara para darles forma. Hornee las canastas durante 1 hora, apague el horno y déjelas dentro hasta que el horno enfríe.

Para preparar el relleno, mezcle las fresas con el azúcar en polvo y la canela y déjelas reposando durante 1 hora. Antes de rellenar las canastas, retírele a las fresas el jugo que soltaron y sirva.

 También puede rellenar estas canastas con fresas y crema o con una ensalada de frutas frescas.

Galletas de encaje de Bruselas

2/3 de taza de harina

100 gramos de mantequilla

1/2 taza de azúcar morena o blanca

2 cdas. de leche

1 pizca de canela en polvo

1/2 cdta. de quemado de panela, preferiblemente concentrado (se consigue en el comercio)

Precaliente el horno a 325º F - 165º C.

Mezcle todos los ingredientes y llévelos al fuego hasta que estén bien combinados pero sin dejarlos hervir. Cuando la mezcla adquiera la consistencia de una crema espesa, retírela del fuego y póngala en porciones de 1 cucharadita sobre una lata previamente engrasada con la mantequilla, teniendo cuidado de dejar suficiente espacio entre una porción y otra. Hornéelas durante 6 minutos, déjelas reposar 1 minuto fuera del horno antes de retirarlas de la lata y déjelas enfriar por completo antes de servirlas.

Bolitas de
maní

2 cdas. de uvas pasas picadas

1 cda. de ciruelas pasas picadas

3 cdas. de maní picado

1/2 taza de mantequilla de maní

1/4 de taza de miel

1 taza de leche en polvo

6 cdas. adicionales de maní picado

Mezcle las uvas y las ciruelas pasas con el maní. Combine la mantequilla de maní con la miel, añádala a la mezcla anterior y agregue la leche en polvo. Revuelva bien y forme pequeñas bolas trabajando con las manos húmedas para evitar que la mezcla se pegue. Una vez listas, páselas por el maní picado y refrigérelas de un día para otro. Sírvalas a temperatura ambiente.

Lo que los niños sí comen

Torta de la madre
ejecutiva

1 lata de leche condensada
1/4 de taza de leche
2 huevos
1 1/2 tazas de harina
1 cda. de polvo de hornear
1 cdta. de vainilla

Precaliente el horno a 350º F - 180º C.

Licue todos los ingredientes. Engrase y enharine un molde grande para torta (o 12 o más moldes pequeños para *muffins*) y vierta en él la mezcla pero no más allá de la mitad de la capacidad total del molde, porque la masa crece bastante. Hornee durante 45 minutos aproximadamente o hasta que al insertar un cuchillo en el centro de la torta, éste salga limpio. Déjela enfriar antes de servirla.

Salsas
y aderezos

Las salsas tienen la maravillosa propiedad de dar color y sabor a los alimentos; entre ellos a las ensaladas y las verduras en general, tan importantes en el desarrollo de los niños. Las siguientes salsas son suaves, para deleitar el paladar infantil que con tanta frecuencia rechaza los sabores fuertes.

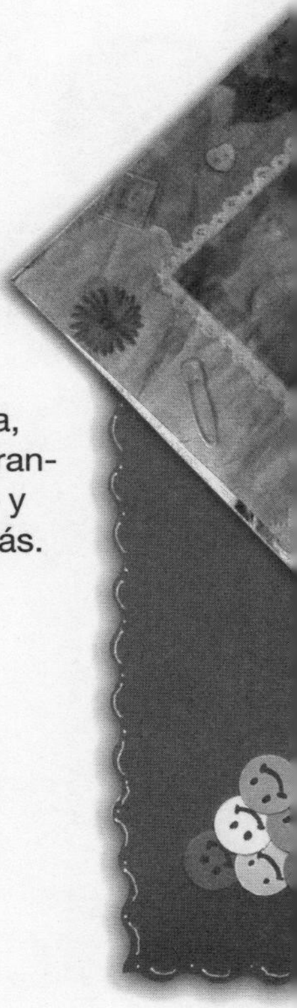

Salsa de
hierbabuena

3 1/2 cdas. de hierbabuena
6 cdas. de agua hirviendo
1 cda. de miel
1 1/2 cdas. de vinagre

Licue la hierbabuena con el agua, añada la miel y lleve al fuego durante 3 minutos. Agregue el vinagre y deje sobre el fuego 3 minutos más.

Salsa de
hierbabuena y
manzana

1 manzana rallada
1 cda. de miel de abejas
3 cdas. de hierbabuena
6 cdas. de agua
1 cda. de jugo de limón
1 yogur espeso sin dulce

Licue todos los ingredientes; si fuese necesario, añada más agua para lograr una buena consistencia.

Vinagreta
clásica

*1/2 taza de aceite de oliva o
de girasol*

3 cdas. de vinagre

1 diente de ajo

Sal

Pimienta

Una pizca de azúcar

Una pizca de mostaza

Ponga todos los ingredientes en un frasco, agítelo bien y déjelo reposar mínimo 1 hora. Sirva sobre verduras frías o ensaladas.

Salsa
blanca

Delgada	Mediana	Gruesa
1 cdta. de mantequilla	2 cdtas. de mantequilla	3 cdtas. de mantequilla
1 gajo de cebolla larga de aprox. 3 cm (la parte blanca)	1 gajo de cebolla larga de aprox. 3 cm (la parte blanca)	1 gajo de cebolla larga de aprox. 3 cm (la parte blanca)
1 cda. harina	2 cdas. harina	1/4 de taza de harina
Sal	Sal	Sal
Pimienta	Pimienta	Pimienta
Nuez moscada	Nuez moscada	Nuez moscada
1 taza de leche	1 taza de leche	1 taza de leche

Derrita la mantequilla en una olla pequeña y agregue la cebolla. Un momento después, añada la harina, la sal, la pimienta y la pizca de nuez moscada, revolviendo constantemente con una cuchara de palo para evitar que se formen grumos. Hierva hasta que la mezcla esté suave. Retire la olla del fuego, añada la leche, saque el gajo de cebolla y lleve la preparación nuevamente al fuego, dejándola hervir 1 minuto más.

Salsa de
tomate

1 cda. de aceite de oliva o
de girasol

1 diente de ajo picado

1 cebolla cabezona blanca mediana,
picada finamente

8 tomates bien maduros, pelados,
cortados en trozos irregulares

1 hoja de laurel

1 cdta. de orégano

4 hojitas de albahaca fresca

Sal

Una pizca de azúcar

Caliente el aceite en una sartén y fría el ajo y la cebolla hasta que ésta esté cristalina. Licue los tomates o páselos por el procesador. Añada el líquido resultante a la cebolla y el ajo junto con los demás ingredientes y cocine a fuego bajo durante 7 minutos o hasta obtener una salsa espesa.

 Esta salsa puede guardarse en el refrigerador una vez fría; lo ideal, sin embargo, es utilizarla fresca.

Tomates
cocidos

*10 tomates bien maduros, pelados,
sin semillas y picados*

2 cdas. de aceite de oliva

*1/4 de taza de cebolla cabezona
picada finamente*

1 cdta. de azúcar

Sal

Pimienta

Caliente el aceite en una olla grande
de fondo pesado y añada los tomates. Al cabo de 5 minutos, añada
el resto de los ingredientes, tape la
olla y déjela a fuego medio de 15 a
18 minutos más.

 *Esta salsa es un excelente sustituto en las re-
cetas que requieren tomates enlatados. Puede
congelarse o guardarse en el refrigerador durante 3 días.*

Guasaca
venezolana

4 tomates en cuadritos
1 cebolla en gajos
5 cdas. de vinagre
1 cda. de jugo de limón
2 cdas. de vinagre de vino
1 taza de aceite de girasol

Mezcle todos los ingredientes y déjelos marinar unas horas en el refrigerador.

 Esta salsa acompaña muy bien todo tipo de carnes.